KATHARINA CEMING

Ab in die Wüste!

KATHARINA CEMING

Ab in die Wüste!

Mut zur Selbsterkenntnis – den Wüstenvätern abgeschaut

VIER TÜRME

Inhalt

VORWORT

Was Sie erwartet

Die Tür zum winzigen Raum steht einen kleinen Spalt auf. Der Fremde auf der Schwelle traut sich nicht so recht hinein, denn er vernimmt von innen ein konstantes, sich wiederholendes Gemurmel. Er weiß nicht, ob er stört oder ob er willkommen ist. Doch die weite Reise ans Ende der Welt soll nicht umsonst gewesen sein. Er nimmt seinen Mut zusammen, öffnet die Tür – und blickt direkt in das von tiefer Freude durchdrungene Gesicht des alten Mannes, der so in sein Gebet versunken ist, dass er den Besucher gar nicht wahrnimmt.

Der Besucher war nicht einfach nur gekommen, um dem alten Mann »Guten Tag« zu sagen und dann wieder zu gehen. Er war gekommen, um für immer zu bleiben. In der Einsamkeit der Wüste wollte er leben, nur mit einem Alten an seiner Seite, der ihn das Wesentlichste lehren würde, um Gott ganz nahe zu sein. Ein einfaches Leben, ohne Zerstreuung, nur auf Gott ausgerichtet, das war sein Traum.

Diesen Traum träumten vor 1700 Jahren nicht wenige Männer (es waren vor allem Männer; von den wenigen uns bekannten Frauen wird noch zu reden sein) in Ägypten. Ihre Bewegung, die gar keine Bewegung sein wollte, wurde zur Grundlage der christlichen Spiritualität und klösterlichen Lebensform. Unterschiedlichste Menschen und ihre Lebenswege kreuzten damals in Ägyptens Wüsten ihre Bahnen. Sie brachten eine für das Christentum bis dato völlig neue Lebensform hervor: das Einsiedlertum.

Dieses Buch möchte Sie in die Welt der Wüstenväter hineinführen, beim Umherstreifen und Entdecken begleiten und Sie auch wieder sicher aus der Wüste herausführen, versehen mit reichen Geschenken, die Ägyptens spirituelle Welt zu bieten hat. Interessantes Wissen über die damalige Zeit, gebündelt mit deren spirituellen Wegweisungen, soll in diesem Buch für unsere Zeit verständlich und erlebbar werden.

Wenn Sie sich der Spiritualität der ägyptischen Wüstenväter nähern und sie verstehen wollen, dann seien Sie einfach bereit, in deren Welt, Vorstellungen, Überzeugungen und Lebensweisen einzutauchen. Bei diesem Tauchgang werden Sie mitunter Verhaltensweisen und Lehren erblicken, die etwas kurios erscheinen mögen. Lassen Sie sich davon nicht erschrecken. Lachen ist genauso wie Staunen erlaubt. Die Welt der Wüste ist bunter, als es auf den ersten Blick erscheinen mag.

Da es in den ersten Jahrzehnten keine Autoritäten und Ordensobere gab, die bestimmt hätten, wohin die spirituelle Reise geht, konnten sich verschiedene Vorstellungen und Anschauungen entwickeln. Manches geriet auch wieder in Vergessenheit, und einiges davon darf ruhig in Ägyptens Sand begraben bleiben. Nicht alles, was in der Wüste über die – in der Regel eher schweigsamen – Lippen kam, hat im 21. Jahrhundert noch Bedeutung. Denn auch spirituelle Erfahrungen können nur im Denken und in Begriffen ihrer Zeit ausgedrückt werden.

Die Wüstenväter zu glorifizieren wäre sicherlich das Letzte gewesen, was sie selbst gewollt hätten. Die Methoden ihrer Menschenführung entsprachen den Gepflogenheiten der Zeit und Gegend und waren bisweilen etwas derber, als wir es heute für gut halten würden. Und nicht alle, die dort lebten und lehrten, waren große Geister und Seelenführer. So mancher Wüstenvater wäre heute eher Insasse einer psychiatrischen Klinik oder eines Gefängnisses denn einer Mönchsklause.

Die westliche Kultur ist aufgrund einer fehlenden Gewöhnung der Durchdringung von Spiritualität und Alltag manchmal etwas gutgläubig und von einer falschen Ehrfurcht allem Spirituellen gegenüber geprägt. Darum blickt dieses Buch des Öfteren mit einem gewissen Augenzwinkern auf das bunte Treiben in Ägyptens Wüstensand. Wer jedoch die Spreu vom Weizen zu unterscheiden vermag, kann die wichtigen und bleibenden Einsichten dieser alten Tradition umso besser würdigen und sich in seinem eigenen Leben davon inspirieren lassen.

Aus diesem Grund versucht der erste Teil dieses Buches, in die Lebenswelt und die Geschichte der Bewegung einzuführen, der zweite, ihre Spiritualität darzustellen, und der dritte, die bedeutenden Lehren dieser Menschen für uns und unsere Zeit aufzubereiten.

Ich wünsche mir, dass dieses Buch Ihnen tiefe Einsichten schenkt und helle Freude bereitet.

Katharina Ceming

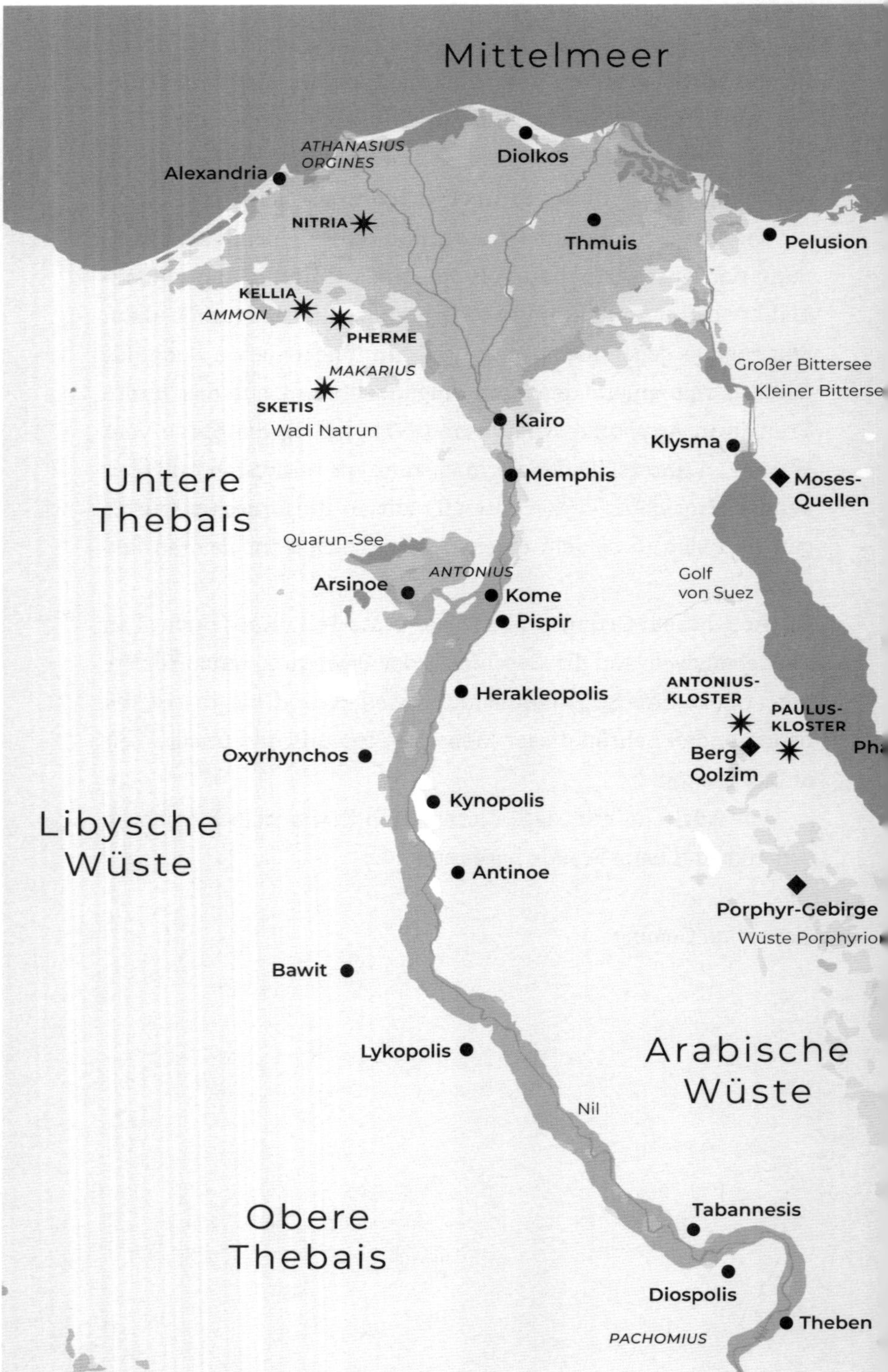
Mittelmeer
ATHANASIUS
ORGINES
Alexandria
Diolkos
NITRIA
Thmuis
Pelusion
KELLIA
AMMON
PHERME
MAKARIUS
SKETIS
Wadi Natrun
Großer Bittersee
Kleiner Bitterse
Kairo
Klysma
Memphis
Moses-
Quellen
Untere
Thebais
Quarun-See
ANTONIUS
Arsinoe
Kome
Pispir
Golf
von Suez
Herakleopolis
ANTONIUS-
KLOSTER
PAULUS-
KLOSTER
Oxyrhynchos
Berg
Qolzim
Kynopolis
Libysche
Wüste
Antinoe
Porphyr-Gebirge
Wüste Porphyrio
Bawit
Lykopolis
Arabische
Wüste
Nil
Obere
Thebais
Tabannesis
Diospolis
Theben
PACHOMIUS

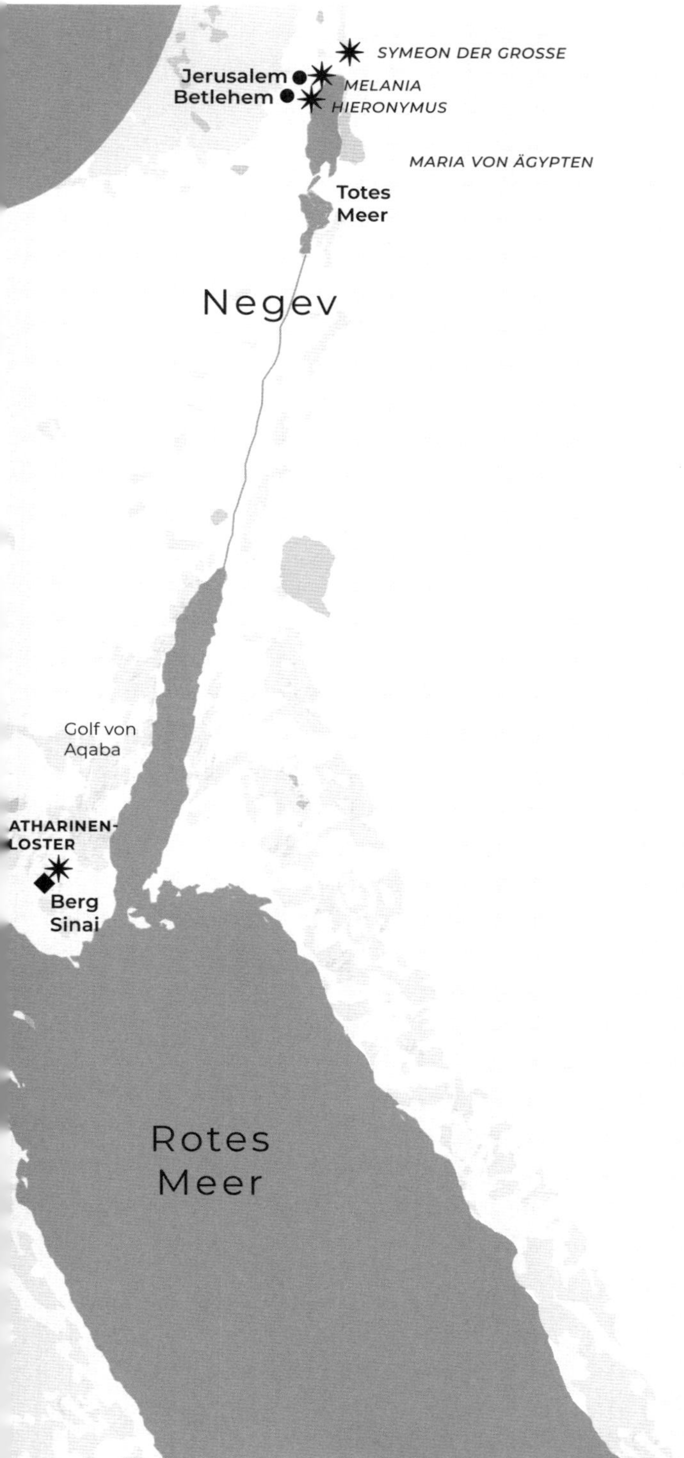
SYMEON DER GROSSE
Jerusalem
Betlehem
MELANIA
HIERONYMUS
MARIA VON ÄGYPTEN
Totes Meer
Negev
Golf von Aqaba
ATHARINEN-LOSTER
Berg Sinai
Rotes Meer

1. KAPITEL

Lebenswelt und Geschichte der Wüstenväter

Ab in die Wüste!

Es gibt nur wenige geografische Gebiete, die so mit den Sehnsüchten des modernen Menschen aufgeladen sind wie die Wüste. Sie erscheint als der weite Raum, in dem eine Begegnung mit sich selbst leichter möglich ist als in zivilisatorisch voll erschlossenen Gegenden. Zugleich zeigt sie dem Menschen seine Grenzen. Wer sich in die Wüste aufmacht, begibt sich in den Raum der Extreme. In der religiösen Tradition des Alten Testaments ist sie der Ort der Verzweiflung, aber auch der Ort der Gottesbegegnung, der Ort der Besinnung und der Ort der Umkehr. Immer wieder zogen sich die Propheten und Seher aus der Gemeinschaft in die Einsamkeit der judäischen Wüste zurück, um dort Gott zu begegnen, um ihr Leben zu ordnen oder ihm eine neue Ausrichtung zu geben.

Revolution in Ägypten

Wenn wir uns mit den Anfängen der Wüstenväter und der christlichen Spiritualität beschäftigen, müssen wir zunächst in die Tiefen der sogenannten Libyschen Wüste vordringen, in jenes Gebiet westlich des Nils, das bereits im 3. Jahrhundert nach Christus aufgrund seiner extremen Trockenheit als ein sehr lebensfeindlicher Raum galt. Ein Raum, in den die nicht christlichen Ägypter nicht freiwillig gingen und in dem sie sich nichts erhofften, am wenigsten eine Begegnung mit Gott. Und dennoch zogen Ende des 3. Jahrhunderts n. Chr. mehr und mehr Menschen in die ägyptische Wüste, um ihr Leben ganz Gott zu widmen. Da dieser Auszug auf Griechisch *anachorese* heißt, nannte man diejenigen, die auszogen, Anachoreten. Und weil ihr Auszug aus der zivilisierten Welt unmittelbar in die Wüste hineinführte, die auf Griechisch *eremía* heißt, bezeichnete man diese Leute auch als Eremiten, als Wüstenbewohner. Die ersten Eremiten lebten dort zunächst allein. Ein Alleinlebender, also ein Single, war ein *monachós*, ein Mönch. Und das war damals etwas ganz Ungewöhnliches. Bevor Gott Eva aus Adams Rippe geformt hatte, war Adam ein solcher *monachós*, zumindest in der griechischen Übersetzung des Alten Testaments.

Ab Mitte des 4. Jahrhunderts wurde der *monachós*, der Mönch, schließlich zum Inbegriff für den in der Einsamkeit lebenden, spirituellen Menschen. So gesehen ist das ganze Mönchtum, wie wir es kennen, streng genommen eigentlich gar kein Mönchtum, da dort keiner allein lebt, sondern die Mönche eine Gemeinschaft bilden. Den ersten Mönchen in Ägyptens Wüste dürften diese wortgeschichtlichen Finessen vermutlich völlig egal gewesen sein. Auch weil sie sowieso kein Wort Griechisch verstanden und sprachen. Ihre Muttersprache war Koptisch, die Sprache, die die christliche Minderheit im heutigen Ägypten noch immer spricht, natürlich mit einigen Veränderungen und Weiterentwicklungen. Griechisch war zur Zeit des ausgehenden 3. Jahrhunderts in Ägypten die Sprache der Gebildeten und nicht die der einfachen Menschen.

Jenseits der Zivilisation

Den Ansporn für diese neue Lebensform, die nicht mehr die Gemeinschaft, sondern die Einsamkeit im Blick hatte und die sich der Askese verpflichtet fühlte, sahen deren Anhänger in der Bibel grundgelegt. Es war die Aufforderung Jesu, ihm aus tiefer innerer Gottesliebe nachzufolgen, und die Aufforderung, sich nicht in der Welt einzurichten, sondern für das Reich Gottes bereit zu sein. Der Glaube an das Anbrechen des Gottesreiches und damit verbunden an das Zusammenbrechen der alten Ordnung war im Ägypten des 3./4. Jahrhunderts weit verbreitet. Als besonderes Vorbild für das Nicht-Einrichten in der Welt galten die Apostel, die aufgrund des Rufes Christi alles liegen und stehen gelassen hatten.

Für die Eremiten Ägyptens war eine Jesusnachfolge nur durch den radikalen Bruch mit der Gesellschaft zu verwirklichen. Nicht das Leben in der Gemeinschaft, sondern das Aufgeben jeglicher Gemeinschaft um des Evangeliums willen war für sie Gottes Wille. Mit dem Nachfolgegedanken war natürlich auch die Kreuzesnachfolge verbunden. Das eigene Kreuz zu tragen hieß, dem eigenen Selbst, dem eigenen Willen, ja der ganzen Welt und ihren Verlockungen abzusterben. Um der Welt abzusterben, musste man diese hinter sich lassen, was durch den Rückzug in die Wüste relativ leicht ging. Schwieriger war es, dem eigenen Ego und seinen Triebregungen abzusterben. Was sich die Wüstenväter dafür alles ausdachten, werden Sie gleich erfahren.

Die Heilige Schrift spielte in dieser Wüstenbewegung eine äußerst wichtige Rolle. Das kann man daran erkennen, dass es eine der höchsten Aufgaben eines Wüstenvaters war, stundenlang über deren Texte zu meditieren. Wenn Sie meditieren hören, dürfen Sie aber nicht von der heute geläufigen Bedeutung des Wortes ausgehen. Meditieren, das hieß, einen Text geistig »durchzukauen«. Das Repertoire an Versen, die man durchkaute, hing natürlich vom Umfang der bekannten Stellen ab. Von einigen Vätern wird berichtet, dass sie das ganze Evangelium auswendig kannten, andere kannten ein paar Stellen. Nachlesen konnten sie es oft nicht, denn viele, die einmal Fellachen, also ägyptische Bauern waren, waren Analphabeten. Daneben kamen im Lauf der Jahre und Jahrzehnte aber auch andere in die Wüste, die teilweise recht beeindruckende Karrieren in der Welt hinter sich hatten, bevor sie beschlossen: Raus aus dem Job, rein in die Wüste!

Ohne diese des Lesens und Schreibens Kundigen wüssten wir heute relativ wenig von dem, was die Wüstenväter so an Weisheiten zum Besten gaben. Sie sammelten die Aussprüche bedeutender Wüstenväter, die oft nur aus wenigen Sätzen bestanden, und überlieferten sie. Oder sie verfassten selbst eigene Werke. Die berühmteste Sammlung der Vätersprüche sind die *Apophthegmata Patrum*, die »Worte der Väter«, die allerdings schon auf Griechisch verfasst waren, obwohl die meisten, wie bereits bemerkt, nur Koptisch sprachen. Die Aussprüche der Väter wurden zunächst mündlich gesammelt und überliefert, bevor man sie im 5. Jahrhundert in Palästina niederzuschreiben begann. Diese palästinensische Sammlung ordnete die Sprüche alphabetisch. Man nennt sie *Gerontikon*, was so viel wie »Buch der Alten« heißt. Dieses Buch enthält 950 Sprüche, die von 130 Vätern stammen. Eine andere Version ordnete die Weisungen nach Themen. Sie ist vermutlich jünger und mit 640 Sprüchen auch kürzer.

Das Leben in der Wüste

Wer schon einmal in Ägyptens Wüste war, wird sich die berechtigte Frage stellen: Wovon lebten diese Menschen eigentlich? Die traditionellen Wüstenbereiche, wo sich die christlichen Einsiedler niederließen, hatten in der Regel in der Nähe eine Quelle oder eine Zisterne, sodass man die notwendigsten Nahrungsmittel selbst anbauen konnte. Arbeit war insgesamt gesehen ein wesentlicher Bestandteil des täglichen Lebens. Einige Mönche verdingten sich zur Erntezeit als Tagelöhner, eine Arbeit, die vielen von ihnen aus ihrem Leben als Bauern sehr vertraut war. Die meisten Mönche flochten in ihren Behausungen Seile, Matten und Körbe, die sie auf den lokalen Märkten verkauften. Der Vorteil dieser Tätigkeit lag im wahrsten Sinne auf der Hand. Sie war so monoton, dass man im Geiste permanent Bibelverse memorieren und seinen Geist gesammelt halten konnte.

Zudem hatte die Tätigkeit in der eigenen Zelle, die oftmals ein winziges Häuschen oder eine Höhle war, die man *Kellion* nannte, noch einen entscheidenden Vorteil – sie ermöglichte sehr leicht die Befolgung des Zentraldogmas aller Wüstenmönche: Bleib in deinem *Kellion* sitzen! Nicht vor sich und der Monotonie des Wüstenalltags davonzulaufen, war eine der größten Herausforderungen, mit denen die Wüstenbewohner konfrontiert waren. Die Beschäftigung mit der eigenen Seele galt als die entscheidende Aufgabe des Asketen. Dass diese Tätigkeit nicht immer und zu allen Zeiten gleichermaßen im Mittelpunkt stand, können wir der wehmutsvollen Aussage von Abba Theodor, einem der Wüstenväter, entnehmen:

»Als ich in die Sketis [ein Wüstenabschnitt in Ägypten] kam, waren die Werke der Seele unsere Arbeit und die Handarbeit hielten wir für einen Nebenbeschäftigung. Nun aber ist das Werk der Seele wie eine Nebenbeschäftigung geworden und die (damalige) Nebenbeschäftigung zur Hauptarbeit.«

APOPHTHEGMATA, 277

Doch bevor der Niedergang thematisiert wird, soll erst einmal der Pionier aller Pioniere in der Wüste, der heilige Antonius, genannt Antonius der Einsiedler oder Antonius der Große, zu Wort kommen. Er war der Erste in Ägypten, der auf die Idee kam, dass ein Leben in der Wüste für das spirituelle Leben besser geeignet sein könnte als eines in der Gemeinschaft.

Ein kleiner Schritt für Antonius, ein großer für die Menschheit

Ob sich der 24-jährige Antonius bewusst war, dass er eine geistige Revolution im Christentum entfachen würde, als er an einem Tag des Jahres 275 die Tür seines Hauses in seinem ägyptischen Heimatdorf Korne für immer hinter sich zuzog und hinaus in die Wüste ging? Wir dürfen annehmen, dass ihm diese Frage ziemlich egal war. Eine andere Frage stellten sich aber wahrscheinlich seine Dorfgenossen: Was will der Kerl da draußen in der Wüste? Ist er wahnsinnig? Bevor wir beim Wort Wüste in ekstatische Verzückungen geraten und im Geiste schon mit Antonius den grandiosen Sternenhimmel in der nächtlichen Wüste bewundern, sollten wir uns bewusst werden, was die Wüste für die alten Ägypter war beziehungsweise nicht war: Sie war definitiv kein Rückzugsort zur Selbstfindung bei Stress. Es steht in den Sternen, ob ein Zeitgenosse des Antonius mit dem Begriff des Stresses etwas anzufangen gewusst hätte. Entbehrung, Hunger, Not, das kannte man, Stress dann doch eher nicht.

Die Wüste war der lebensfeindliche und bedrohliche Raum schlechthin. Wer dorthin ging, war entweder tot – die Rede vom Gehen ist hier zugegebenermaßen etwas unpassend – oder auf der Flucht. Leben fand entlang des Nils statt. Dort gab es Wasser, Felder und somit alles, was menschliches Leben ermöglichte. In der Wüste gab es Steine, Sand, kein oder kaum Wasser, keine Felder, dafür Dämonen, Tote und Verbrecher. Letztere suchte hier nämlich keiner mehr, denn dort zu leben war Strafe genug und für den zivilsierten Menschen gleichbedeutend mit tot zu sein.

Und doch ging Antonius genau dorthin, wo kein vernünftiger Ägypter freiwillig hingegangen wäre, ins Land der Toten und der Verbrecher. Was trieb ihn, einen jungen und für seine Umgebung sogar relativ wohlhabenden Mann, hinaus in die Wüste? Antonius zählte in seinem Fellachendorf zu den Privilegierten. Seine Eltern starben, als er noch nicht ganz 20 Jahre alt war. Für ihn war das ein schwerer Verlust. Aber sie vererbten ihm ihre Ländereien; für die Dorfverhältnisse sogar relativ große Flächen. Antonius tat nun etwas, was doch eher selten vorkommt und bald seinem Ruf, ein Heiliger zu sein, zuträglich wurde: Er verschenkte den größten Teil des Erbes. Lediglich einen kleinen Teil hielt er für die Versorgung seiner minderjährigen Schwester zurück. Wenn wir dem heiligen Athanasius, Bischof von Alexandrien, glauben dürfen, der Mitte des 4. Jahrhunderts das Leben des Antonius aufschrieb, lag der Grund für diese eher ungewöhnliche Tat darin, dass Antonius im Gottesdienst in der Lesung die Stelle aus dem Markusevangelium hörte, wo es heißt:

> »Und Jesus sah ihn an und gewann ihn lieb und sprach zu ihm: Eines fehlt dir. Geh hin, verkaufe alles, was du hast, und gib's den Armen, so wirst du einen Schatz im Himmel haben, und komm und folge mir nach.«
>
> MARKUS 10,21

Die Lehre des Evangeliums, die der des Lesens und Schreibens unkundige junge Mann im Gottesdienst immer wieder hörte, hätte in ihm tiefe Spuren hinterlassen. So habe Antonius diesen Text als direkten Ruf Jesu an ihn verstanden und daher beschlossen, nicht nur besitzlos zu leben, sondern sich aus der Gemeinschaft in die Einsamkeit zurückzuziehen.

Dass das Verschenken seines Erbes indessen nicht nur der Treue zum Evangelium geschuldet gewesen sein könnte, sondern zudem profanere Gründe gehabt haben könnte, legt ein Blick aufs Steuersystem der damaligen Zeit nahe.

Antonius hatte eigentlich gar keine andere Wahl, als seine Äcker entweder selbst zu bestellen oder dem Dorf zur Verfügung zu stellen, denn der römische Kaiser Diokletian war mindestens so erfinderisch wie moderne Politiker, als es um die Sanierung seiner maroden Staatsfinanzen ging. Wo sparen nicht geht oder gewollt ist, müssen eben die Einnahmen steigen, und das geschieht in der Regel durch Steuererhöhungen beziehungsweise durch ein rigoroses Eintreiben der Steuerschuld. Die letztgenannte Methode perfektionierte Kaiser Diokletian. In Ägypten wurden die Steuern pro Dorf berechnet. Wenn das Dorf diese nicht begleichen konnte, hafteten die Reichsten mit ihrem Vermögen. Das Dorf konnte also unmöglich auf die Erträge der Felder von Antonius verzichten.

Diese Erklärung ist zwar nicht ganz so fromm, aber sie charakterisiert die Situation zur Zeit des Antonius recht gut. Wahrscheinlich legten ihm seine Nachbarn nahe, wenn er schon nicht mehr seiner Arbeit als Bauer nachgehen wolle, dann solle er doch wenigstens an die Dorfgemeinschaft denken, was er dann tat: ideell motiviert und unterstützt durch die Anweisung Jesu im Evangelium, alles um des Himmelreichs willen zu verschenken. Die Kombination aus steuerlichen Gründen und christlicher Besitzlosigkeit sollte in der Folgezeit für nicht wenige Wüstenbewohner der Antrieb für ein besitzloses Leben in der Wüste werden.

Ein spiritueller Bestseller

Antonius hielt jetzt nichts mehr in Korne. Er schloss, nachdem er seine minderjährige Schwester gut versorgt wusste, die Haustür hinter sich und wagte etwas, das vor ihm in Ägypten so noch keiner getan hatte: Er ging freiwillig in die Wüste. Allerdings war er nicht ganz unvorbereitet. Denn noch während er in seinem Dorf lebte, suchte er sich einen Alten in der Nähe, der bereits seit langer Zeit streng asketisch lebte und ihn in diesen neuen *way of life* einführte. Wenn man den Berichten des Kirchenvaters Hieronymus (347–419) trauen darf, gab es nämlich doch einen, der schneller war als Antonius: der heilige Paulus von Theben. Aber da gibt es heute einige, die dem guten Hieronymus nicht trauen wollen und den Verdacht hegen, er habe die Geschichte des heiligen Paulus von Theben nur erfunden, weil ihn der gigantische Erfolg des Athanasius – das ist der Mann, der über den Einsiedler Antonius schrieb – gewurmt habe.

Jener Athanasius, um 295 in Alexandrien geboren und später dort Bischof, war mit seiner Biografie des Einsiedlers Antonius ein echter Bestseller gelungen. Von Ägypten bis Rom schrieben sich die Kopisten die Finger wund. Man riss ihnen die Exemplare förmlich unterm Federkiel beziehungsweise Schilfrohr weg, so schön waren die vielleicht nicht immer historisch ganz korrekten, eher etwas verklärenden Beschreibungen der Taten des Antonius. Athanasius verfolgte jedoch mit dem Schreiben dieser »Biografie« nicht ganz uneigennützige Ziele. Zu gut war die Person des Antonius geeignet, um seine eigenen theologischen Vorstellungen nun durch den Mund eines so begnadeten und verehrten Mannes unters Volk zu bringen. Dennoch scheint Athanasius den hochbetagten Antonius tatsächlich selbst getroffen zu haben, als er für einige Zeit in die Wüste ging.

Dass die Erzählungen nicht nur historische Tatsachen wiedergaben, störte die antiken Leser nicht im Geringsten; im Gegenteil, man erwartete von besonderen Menschen auch besondere Taten. Ob sie Christen oder Heiden waren, spielte dabei keine Rolle. Dies ist vermutlich der Grund, weshalb wir in allen antiken Erzählungen über große Männer (und die wenigen großen Frauen) doch recht ähnliche Wundertaten finden. Wundersame Heilungen, Dämonenkämpfe, Zähmungen wilder Tiere, das Beherrschen der Naturgewalten etc., all das gehörte zum Repertoire, das antike Leser von einem besonderen Mann zu hören erwarteten. Es gab also keinen Grund, weshalb Bischof Athanasius seine Leser enttäuschen sollte. Einige Leser und Leserinnen der Lebensbeschreibung des heiligen Antonius waren so von den Berichten gefesselt, dass sie sich gleich persönlich in die Wüste aufmachten, um die »Athleten Christi«, so eine geläufige Bezeichnung für die Asketen, vor Ort zu bewundern.

In Gräbern zu Hause

Aber alles der Reihe nach. Noch ist der junge Antonius gerade erst bis an den Wüstenrand gekommen und außer ihm sitzt noch kein weiterer »Athlet Christi« in der unendlichen Ödnis. Sie werden sich jetzt vielleicht fragen: Woher wissen wir, was dann geschah? Wenn Antonius ganz allein in der Wüste sitzt, dann hat das doch gar keiner mitbekommen! Einer scheint zumindest davon gewusst zu haben, denn schließlich musste der Neu-Mönch ja von etwas leben. Ein Freund kam ab und zu vorbei und brachte ihm etwas Essen. Wasser scheint es in der Umgebung gegeben zu haben.

Wo fand Antonius nun seinen ersten Unterschlupf in der Wüste? Wenn wir der Spur seines Freundes folgen, der ihn mit Essen versorgte, dann führt uns diese direkt vor eines der aufgelassenen altägyptischen Höhlengräber, deren Grabkammern recht geräumig sein konnten und von denen es viele gab. Das freiwillige Sich-Einschließen in eine Grabkammer für asketische Übungen war jedoch keine Erfindung des Antonius. Vor ihm übten sich schon die Priester des ägyptischen Gottes Serapis in dieser Kunst. Sie ließen sich zum Teil monatelang in Grab- oder Tempelkammern einschließen, ohne einen Strahl Sonnenlicht zu Gesicht zu bekommen.

Was in Antonius' Grab im Folgenden, besonders nächtens, passierte, schilderte sein Biograf, Bischof Athanasius, recht eindrücklich: Es begann ein Kampf auf Leben und Tod mit den Dämonen:

»Dann ging er in eines der Gräber hinein und blieb, nachdem jener [der Freund, der ihn mit Brot versorgte] die Türe hinter ihm geschlossen hatte, allein drinnen. Da hielt es der böse Feind nicht aus, er fürchtete, Antonius möchte in Kurzem auch die Wüste mit seiner Askese erfüllen, und so ging er in einer Nacht hin mit einer Schar von Dämonen und schlug ihn so heftig, dass er sprachlos vor Qualen auf dem Boden lag. Antonius versicherte nachher, die Schmerzen seien so grausam gewesen, dass man behaupten könne, Schläge von Menschenhand hätten niemals eine solche Pein verursacht. Durch Gottes Fürsorge aber – denn der Herr verlässt die nicht, welche auf ihn hoffen – erschien am nächsten Tage sein Freund, um ihm Brote zu bringen; er öffnete die Türe und sah ihn wie tot am Boden liegen; da hob er ihn auf und trug ihn in die Kirche des Dorfes und legte ihn auf die Erde. Viele von seinen Verwandten und die Leute aus dem Dorfe setzten sich neben Antonius, den sie tot glaubten. Um Mitternacht aber kam dieser zu sich, erwachte, und wie er sie alle schlafen sah, während nur sein Vertrauter wach war, da winkte er diesem, zu ihm zu kommen, und bat ihn, er möge ihn wieder aufheben und zu den Gräbern bringen, ohne jemand aufzuwecken.«

ATHANASIUS, VITA ANTONII, KAP. 8

Nachdem er noch einige Zeit erfolgreich in den Gräbern gegen die Dämonen gekämpft hatte, entschloss sich Antonius, tiefer ins Land der widergöttlichen Gesellen einzudringen. Sein neues Domizil wurde ein verlassenes Kastell, in dem er sich fast zwei Jahrzehnte verschanzte. Bevor wir uns mit seiner neuen Wirkungsstätte genauer befassen, sollten wir uns aber zunächst mit seinen Mitbewohnern, den Dämonen, etwas intensiver beschäftigen.

Dämonen, so weit das Auge blickt

Im Dämonenkampf begegnet uns ein Thema, das sich durch die gesamte Wüstenvätertradition wie ein roter Faden hindurchzieht: Der Kampf mit Teufel und Dämonen war für Generationen von christlichen Asketen, egal ob sie in Ägypten, Syrien, Palästina, Mesopotamien, Persien oder sonst irgendwo lebten, eine ihrer wesentlichsten Beschäftigungen.

Bei Dämonen denkt der moderne Mensch vielleicht eher an Mailer-Daemons, an die lästigen Fehlermeldungen, wenn etwas mit der E-Mailadresse nicht gestimmt hat, und weniger an real existierende Gesellen, die alles daransetzen, den Menschen vom rechten Weg abzubringen oder ihn zu quälen. Die Dämonen der Wüstenväter waren hingegen sehr reale Gestalten, die noch weit über das Mittelalter hinaus an jeder Ecke lauerten und die größte Gefahr für den Christenmenschen darstellten.

Wenn im 21. Jahrhundert Christen von der Gefahr und Bedrohung durch Dämonen sprechen, so weiß der aufgeklärte Zeitgenosse recht schnell, aus welchem Lager die Vertreter dieser Dämonologie stammen: Den Erkenntnissen der Aufklärung und der Moderne konnten sie sich offenbar dauerhaft und wirkungsvoll entziehen. Trotzdem soll dieses für aufgeklärte Menschen eher peinliche Thema des Dämonenkampfes nicht einfach übersprungen oder als kulturhistorische Besonderheit abgehakt werden. Zum einen, weil die Spiritualität der Wüstenväter ohne Dämonenlehre nicht vorstellbar ist, und zum anderen, weil dieses Thema tatsächlich auch modernen Menschen etwas zu sagen hat. Dazu ist jedoch ein kleiner Exkurs in die Geschichte der menschlichen Bewusstseinsentwicklung notwendig.

Warum es heute keine Dämonen mehr gibt

Um den Glauben an die äußerlich reale Existenz von dämonischen Kräften zu verstehen, müssen wir begreifen, dass Menschen die Wirklichkeit nicht durch alle Zeiten hindurch gleich wahrgenommen haben und wahrnehmen, denn unsere Wirklichkeit ist nicht einfach ein gegebenes Faktum. Die Realität, die wir alltäglich erfahren, ist zu einem gewissen Grad ein Resultat der Brille, durch die wir gerade blicken. Dass Menschen ein und dasselbe Ereignis völlig unterschiedlich bewerten können, wissen wir alle. Polizisten können bei Zeugenbefragungen ein leidvolles Lied davon singen.

Aber es gibt nicht nur unterschiedliche Wahrnehmungen, weil der eine gründlicher beobachtet als der andere oder weniger subjektive Kriterien anlegt, sondern es gibt auch Unterschiede, die in unserem Weltbild wurzeln. Ob wir die Atomkatastrophe von Fukushima in Japan als Strafgericht Gottes oder als technische Katastrophe verstehen, die durch eine Naturkatastrophe in Kombination mit mangelhaften Sicherheitsvorkehrungen ausgelöst wurde, hängt stark von unserem Welt- und Wertebild ab. Das gleiche äußere Ereignis kann völlig unterschiedlich bewertet werden und gewinnt damit nicht nur eine andere Dynamik, sondern auch die lebenspraktischen Konsequenzen sind völlig andere. Der Mensch, der eine solche Katastrophe als Strafe Gottes sieht, wird in Zukunft sicherlich versuchen, die Gebote seiner Religion strenger und gewissenhafter zu befolgen. Er wird sich wahrscheinlich nicht in einer Anti-Atomkraft-Bewegung engagieren, da für ihn nicht die Atomkraft das Problem darstellt, sondern das sündhafte Verhalten der Menschen, welches ein Ende finden muss. Wer diese Atomkatastrophe jedoch nicht als Ausdruck eines göttliehen

Strafgerichts versteht, wird kaum die moralischen Fehler der Menschheit dafür verantwortlich machen, sondern das Ganze als technisches Problem sehen: Man hat eben an Sicherheitsvorkehrungen gespart oder ein Atomkraftwerk in einem Land gebaut, das geologisch gesehen dafür denkbar ungeeignet ist.

In der Geschichte der Menschheit lassen sich mehrere solcher Paradigmenwechsel der Bewertung von Wirklichkeit nachweisen. Erklärten sich Menschen der Antike und des Mittelalters Ereignisse in der Welt noch mehrheitlich durch mythologisch geprägte Vorstellungen, so begannen sich mit der Neuzeit, zumindest in der westlichen Welt, rationale Erklärungsmuster verstärkt zu etablieren. Dies bedeutet jedoch nicht, dass die andere Ebene völlig verschwunden wäre.

Es lässt sich indessen nicht nur im Bereich der Bewusstseinsentwicklung ein Unterschied zwischen der Moderne und antiken Zeiten ausmachen, sondern auch hinsichtlich der Werte-Ebenen. Für antike Kulturen (seit dem 2. Jahrtausend vor Christus) war es mehr oder weniger selbstverständlich, dass eine höhere Ordnung existiert, die dem Leben Sinn und Richtung gibt. Die Orientierung an dieser höheren Ordnung galt als absolut notwendig. Damit war mit der Zeit die Ansicht verbunden, dass es unveränderliche Prinzipien von Richtig und Falsch gibt, deren Befolgung von Gott oder den Göttern belohnt beziehungsweise bei Missachtung bestraft wird. Das Weltbild war von Gegensätzen geprägt: richtig – falsch, gut – böse, männlich – weiblich, Freund – Feind, entweder – oder.

Mit der Neuzeit begann sich dieses Denken zu verändern. Der Mensch verstand sich zunehmend als autonomes Wesen, das Moral und Werte aus sich selbst zu begründen begann. Richtig war nicht mehr primär das, was von einem Gott geoffenbart wurde, sondern das, was der Mensch durch seinen Verstand erkennen konnte. Und noch eine Veränderung können wir ausmachen, die zwar recht neu ist, die aber in der westlichen Welt das Denken immer stärker prägt: Mehrere Positionen und Haltungen müssen sich nicht zwangsläufig ausschließen. Unterschiedliche Ansichten können toleriert werden, so ihre Vertreter bereit sind, sich gegenseitig auszuhalten. Es geht nicht mehr um das Entweder-Oder, sondern um ein Sowohl-als-auch.

Wenn wir uns jetzt wieder unseren Dämonenbezwingern in der ägyptischen Wüste zuwenden, werden wir feststellen, dass ihre Sicht der Welt eine mythologisch geprägte war – was nichts Ehrenrühriges ist. In dieser Weltsicht hatten real existierende Dämonen ihren Platz, und sie hatten diesen besonders in der Wüste. Dort, wo kein normaler Mensch freiwillig hingegangen ist. Wenn Sie heute in die gleiche Wüste reisen, werden Sie die Dämonen des Antonius wahrscheinlich nicht finden. Sie werden nachts vielleicht die schaurigen Gesänge der Hyänen vernehmen, Sie werden vielleicht Skorpione und Schlangen wie aus dem Nichts auftauchen und wieder verschwinden sehen und sich dabei ordentlich erschrecken, aber Sie werden keine Dämonen sehen und hören – aus dem einfachen Grund, weil Ihr Weltbild nicht mehr das des Antonius ist. Sie blicken durch eine andere Brille, die Brille des 21. Jahrhunderts, auf die Wüste. Skorpione, Schlangen und Hyänen mögen Tiere sein, die in uns nicht unbedingt Sympathien erzeugen, aber als Abgesandte der Hölle werden wir sie nicht verstehen. Und auch beim Wort Hölle haben wir in der Regel keinen realen unterirdischen Ort mehr vor Augen. Anders der antike Mensch, für den es gewiss war, dass die Hölle ein Ort ist, der unter unserer bewohnten

Erde liegt, so wie er den Himmel für einen geografischen Ort über unserer bewohnten Erde hielt. Diese kosmologische Topografie ist uns heute durch die Erkenntnisse der modernen Naturwissenschaften eher verbaut worden. (Es sei denn, man ist zum Beispiel ein amerikanischer fundamentalistischer Christ. Dann kann man die Erkenntnisse der Naturwissenschaft getrost ignorieren. Dann bestehen auch gute Chancen, die leibhaftigen Dämonen, die Antonius bedrängten, zu sehen.)

Dämonen in Ägyptens Religion

Den Ägyptern waren die Dämonen aus ihrer vorchristlichen Zeit nur zu vertraut: Überall gab es wilde Tiere, die als Diener und Gefährten den bösen Gott Seth umgaben, dessen Land die Wüste war. Die Dämonen lebten für die Ägypter weiterhin in den verfallenen Tempelruinen und trieben dort, unberührt von der Tatsache, dass die alten ägyptischen Götter vom Christentum besiegt worden waren, ihr schreckliches Unwesen. In den reich bemalten altägyptischen Grabkammern konnte man Unmengen von wild anzusehenden Fabeltieren erkennen. Und in den Texten der ägyptischen Totenbücher wurden die Schmerzen der Toten, wenn die Sonne auf ihrer Fahrt durch das Totenreich dieses wieder zu verlassen begann, drastisch geschildert. All das hatte das kollektive Unterbewusstsein der Ägypter seit mehr als zwei Jahrtausenden geprägt. So erstaunt es nicht, dass viele der von Antonius geschilderten Dämonenkämpfe sowohl visuell als auch akustisch sehr an Beschreibungen der altägyptischen Religion erinnern.

Für den christlichen Ägypter waren die Dämonen nicht nur reale Wesen der ihn umgebenden Welt, sondern sie waren von materieller Natur, zwar feinstofflicher als der Mensch, aber doch so stofflich, dass sie Nahrung benötigten. Bevorzugte Speisen der Dämonen waren Weihrauch, Rauch und Blut. Leider hatte die Aufnahme dieser erlesenen Speisen, insbesondere des Weihrauchs, keinen Einfluss auf den Geruch der dämonischen Ausscheidungen. Vielleicht war das aber auch von Vorteil. Die Anwesenheit von Dämonen konnte man nämlich riechen, zum Teil noch Monate später. Wo es nach Schwefel und Verbranntem roch, wusste man, wer dafür verantwortlich war. Wenn in der Vätertradition über einen Verstorbenen gesagt wurde, dass er »im Geruch der Heiligkeit« starb, konnte man sicher sein, dass der Verstorbene über die Dämonen gesiegt hatte.

Da die vorchristlichen ägyptischen Götter mit Weihrauch verehrt wurden, war es für die christlichen Asketen naheliegend, anzunehmen, dass sich die Dämonen hinter diesen Göttern verstecken, da sie ja Weihrauch über alles liebten. Dazu kam, dass die ägyptischen Götter als Menschen mit Tierköpfen dargestellt wurden. Diese äußerliche Erscheinungsform als Mischwesen – halb Mensch, halb Tier – ließ sie in einem dämonischen Licht erscheinen. Dies ist vielleicht auch ein Grund, weshalb die Christen Ägyptens die altägyptischen Götter in ihren Tempeln sofort zerstörten, als sie schließlich die religiöse »Oberhoheit« in Ägypten hatten.

Außerdem wurde den Dämonen nachgesagt, dass sie jedes nur erdenkliche Aussehen annehmen konnten. Besonders gern tarnten sie sich als schöne Frauen. Der Kampf mit dem Dämon in Frauengestalt ist typisch für die gesamte Väterliteratur.

Wenn klar ist, dass die Wüste das Land der Dämonen ist, dann wird es auf einmal auch nachvollziehbar, dass die Dämonen ihre Heimat gegen die eindringenden christlichen Asketen mit Zähnen und Klauen verteidigten. Antonius begrüßten sie in seiner Wüstenfestung mit folgenden Worten:

»Gehe weg aus unserem Reich!
Was hast du in der Wüste zu schaffen?«

ATHANASIUS, VITA ANTONII, KAP. 13

Je tiefer die Asketen in die Wüste eindrangen, desto erbitterter wehrten sich die Dämonen. Antonius als Speerspitze der neuen Einsiedlerbewegung bekam natürlich am meisten ab. Vielleicht wehrten sich die Dämonen auch mit der Kraft der Verzweifelten, weil sie natürlich längst wussten, dass ihr Kampf nur mit einer Niederlage enden konnte. Hatte nicht Jesus den Satan nach 40 Tagen in der Wüste niedergerungen? Antonius und alle auf ihn folgenden Wüstenkämpfer konnten auf dieses Wissen bauen und sie konnten auf das biblische Wissen vertrauen, dass Gott den Seinen gern in der Wüste erscheint.

Aber was hat dieser Kampf mit den Dämonen mit uns heute zu tun, die wir ein Leben lang in der Wüste leben könnten, ohne einen einzigen dieser garstigen Gesellen zu sehen? Um zu verstehen, was die Auseinandersetzung mit den Dämonen auch für unsere Zeit so aktuell macht, müssen wir vom Grab des Antonius kurz einhundert Jahre in die Zukunft reisen und in der Behausung eines anderen großen Wüstenvaters Platz nehmen: bei Evagrius Ponticus, dem Spezialisten für Dämonologie.

Evagrius Ponticus: Psychoanalytiker und Dämonenexperte

Evagrius Ponticus war der wohl größte Systematiker und, was die Dämonen anbelangte, einer der größten Experten unter den Wüstenvätern. Geboren wurde er 345 im pontischen Ibora am Schwarzen Meer. Als Sohn aus wohlhabender Familie erhielt er eine gründliche Bildung, die ihm eine glänzende Karriere in der Kirche ermöglichte. Leider durchkreuzte eine kirchlich und gesellschaftlich nicht ganz akzeptierte Beziehung seine Karriere, sodass er Hals über Kopf aus Konstantinopel nach Jerusalem ins Kloster der Melania floh.

In Melania begegnet uns eine der großen weiblichen Gestalten der spirituellen Szene des 4. Jahrhunderts. Melania war Vorsteherin eines Klosters von 50 Jungfrauen in Jerusalem. Weibliche Spiritualität ging damals in der Regel andere Wege als die männliche. Das Singleleben in der Wüste war eher etwas für hartgesottene Männer oder solche, die sich dafür hielten. Weniger, weil Frauen die Strapazen des Lebens dort nicht ertragen hätten – in der Fastenaskese waren sie ungeschlagene Weltmeisterinnen –, sondern weil die Gesellschaft, die sich in Ägyptens Wüste tummelte, nicht immer die *Crème de la Crème* war, auch nicht unter den Wüstenvätern. Selbst dort gab es so manchen Ex-Mörder, Ex-Vergewaltiger, Ex-Räuber etc., wenn auch bekehrt und auf dem Pfad der Tugend wandelnd. Aber man konnte sich eben nie allzu sicher sein, denn die Dämonen, unter anderem der besonders heimtückische Dämon der *porneía*, der Unzucht, lauerten an jeder Ecke. Dass die Gemeinschaft mehrerer Frauen in einem festen Gebäude die sicherere Alternative zum ungeschützten Singleleben in der Wüste war, leuchtet ein.

Melania gehörte dennoch zu einem Typus Frau, der in der Antike eher die Ausnahme war, das Herz moderner Frauen jedoch erfreuen wird. Nachdem sie bereits in jungen Jahren Witwe und Besitzerin eines recht großen Vermögens geworden war, widersetzte sie sich allen Versuchen ihrer Familie, sie nochmals vermögenssteigernd unter die Haube zu bekommen, denn Melania hatte sich selbstbestimmt für ein spirituelles Leben entschieden. Das führte sie nach Jerusalem, wo sie im geistigen Austausch mit Rufinius, einem ihrer engsten Freunde, ihr Kloster leitete. Melania scheint nicht nur eine höchst gebildete Frau gewesen zu sein, sondern auch eine hervorragende Psychologin, denn es gelang ihr, binnen eines halben Jahres den psychisch völlig zerrütteten Evagrius wieder auf die Beine zu bringen. Ihren Rat befolgend zog dieser 383 in eine Einsiedlerbehausung in Ägypten, wo er bis zu seinem Tod im Jahr 399 blieb.

Evagrius gehört schon zur zweiten Generation der Wüstenväter. Wie aus seinen Lebensdaten zu entnehmen ist, fällt er eher aus dem Rahmen der üblichen Wüstenväterbiografien. Mit nur 54 Jahren starb er, halb so alt wie Antonius. Das karge Leben in der Wüste bekam dem »Zugereisten« im Gegensatz zu den Fellachen-Wüstenvätern nicht allzu gut. Evagrius war übrigens nicht der einzige Zugereiste, dessen Magen streikte. Was wieder einmal wunderbar verdeutlicht, dass nicht alles, was dem einen hilft, auch für den anderen gut sein muss. Doch wir wollen uns nicht mit den medizinischen Problemen des Evagrius beschäftigen, sondern mit seiner höchst psychologisch anmutenden Dämonenlehre.

Die Lehre von den acht Lastern

Dämonen manifestieren sich nach Evagrius besonders in acht Lastern. Sie bedienen sich dieser Laster oder Leidenschaften, um Einfluss auf den Menschen zu nehmen. Daher ist es notwendig, nicht nur die jeweilige Leidenschaft, sondern den mit ihr verbundenen Dämon zu besiegen. Viele Dämonen tragen den Namen der Leidenschaften, die sie benutzen, was ihre enge Zusammengehörigkeit aufzeigt. In der Tradition der Wüstenväter begegnet uns immer wieder die Einsicht, dass die Leidenschaften nicht etwas rein Äußerliches sind, also nicht nur dämonische Kräfte, die von außen völlig unvermittelt über den Menschen hereinbrechen, sondern dass es sich um ureigene Anteile des Menschen handelt. Wer sie besiegen will, muss daher in sich gehen:

> »Ein Bruder sagte zu Abbas Sisoes: ›Warum weichen die Leidenschaften nicht von mir?‹ Es sagte ihm der Alte: ›Ihre Gefäße sind in dir – gib ihnen ihr Pfand, und sie gehen weg.‹«
>
> APOPHTHEGMATA, 809

Welche acht Laster hielt Evagrius für besonders schädlich? Als da sind: Völlerei, Unzucht, Habsucht, Traurigkeit, Zorn, Akedia (geistige Antriebslosigkeit), Ruhmsucht und Stolz. Falls Sie sich bei dieser Aufzählung an die sieben Todsünden erinnert fühlen, dürfen Sie diesem Gefühl ruhig trauen. Die Lasterlehre des Evagrius wurde durch Papst Gregor den Großen im 6. Jahrhundert übernommen und schließlich etwas verändert zu dem, was als Todsünden im Christentum bekannt wurde. Leider wurde damit auch die tiefe psychologische Dimension dieser Lehre im Lauf der Jahrhunderte in eine recht platte Morallehre verwandelt.

Evagrius als gebildeter Grieche war hingegen bestens mit der antiken Philosophietradition vertraut und so folgt seine Lasterlehre der platonischen Dreiteilung der Seele. Die ersten drei Laster – Völlerei, Unzucht, Habsucht – sind Aspekte, die den begehrlichen und somit untersten Teil der Seele betreffen. Da sie sehr »naturnah« sind, sind sie nach Evagrius auch am leichtesten zu beherrschen. Diese Einschätzung teilten nicht alle. Etliche Vätersprüche zeigen, dass gerade der Dämon der *porneía*, der Unzucht, selbst für hartgesottene, jahrzehntelang in der Wüste lebende Asketen bis ins hohe Alter hinein ein arger Widersacher war.

Und wie es aus den Vätersprüchen und der Ordensregel des Pachomius, den wir gleich noch näher kennenlernen werden, deutlich wird, näherte sich der Dämon der *porneía* den Asketen nicht nur in Form von hübschen Frauen, sondern auch von liebreizenden Knaben. So hatte Pachomius alle Hände voll zu tun, um die asketisch-enthaltsame Lebensführung in seinen Klöstern zu garantieren. Aber auch in manchen Einsiedlerhöhlen lief der spirituelle Austausch nicht immer in den vorgesehenen geistigen Bahnen ab.

Vielleicht half Evagrius die Kenntnis der platonischen Seelenlehre, den Dämon der Unzucht besser zu bekämpfen, weshalb er ihn für einen der weniger bedrohlichen Gesellen hielt. Für ihn war entscheidend, dass diese Triebe des unteren Seelenteils nicht ausgerottet werden dürfen, sondern nur beherrscht werden müssen, da sie lebenswichtig für die Menschheit sind (Nahrung, Fortpflanzung, Besitz). Anders verhält es sich schon mit den emotionalen Stimmungen Traurigkeit, Zorn und der *akedía*, der geistigen Antriebslosigkeit.

Sie haben mit dem erregbaren Seelenteil zu tun. Anselm Grün spricht im Zusammenhang mit diesen Dämonen von der Arbeit mit den eigenen Schatten. Am schwierigsten ist nach Evagrius jedoch der Umgang mit den Lastern der Ruhmsucht und des Stolzes, da sie geistige Eigenschaften sind und dem vernunfthaften Seelenteil zugeordnet werden. Ihnen kommt man am schwersten bei, da der Intellekt immer wieder Mittel und Wege findet, diese intellektuellen Laster zu schützen und zu verbergen.

Was tun, wenn der Dämon an die Zellentür klopft?

Evagrius beließ es aber nicht nur bei der Analyse dieser dämonischen Kräfte, die den Menschen immer wieder attackieren, sondern er suchte, wie die anderen Mönche auch, Mittel und Wege, um diese Dämonen zu bekämpfen. Was ist nun zu tun, wenn die Dämonen sich in Form von Gedanken des Menschen bemächtigen?

> »[Abbas Poimen] fragte wiederum Abbas Joseph und sprach: ›Was soll ich tun, wenn die Leidenschaften nahe kommen? Soll ich ihnen widerstehen oder soll ich sie eintreten lassen?‹ Es sprach zu ihm der Alte: ›Lass sie eintreten und kämpfe mit ihnen.‹
> Und nachdem er [Poimen] in die Sketis zurückgekehrt war [...] kam jemand aus der Thebais in die Sketis und sagte den Brüdern: ›Ich fragte den Abbas Joseph und sagte: Wenn sich mir eine Leidenschaft naht, soll ich ihr widerstehen oder soll ich sie eintreten lassen? Und er sagte mir: Lass die Leidenschaften überhaupt nicht eintreten, sondern haue sie sofort ab.‹

Als Abbas Poimen gehört hatte, dass Abbas Joseph zu dem Thebaier so gesprochen hatte, stand er auf, ging zu ihm nach Panepho und sprach zu ihm: ›Abba, ich habe dir meine Gedanken anvertraut, und siehe: So hast du zu mir gesprochen und anders zum Thebaier.‹ Da sprach zu ihm der Alte: ›Weißt du nicht, dass ich dich liebe?‹ Und der sagte: ›Ja.‹ ›Hast du mir nicht gesagt: So wie zu dir selbst, so sprich auch zu mir?‹ Und er sprach: ›So verhält es sich.‹ Da sagte zu ihm der Alte: ›Wenn die Leidenschaften eintreten, und du (ihnen) gibst und von ihnen nimmst, bewerkstelligen sie, dass du bewährter wirst. Ich habe zu dir wie zu mir gesprochen. Es gibt aber andere, denen es nicht zuträglich ist, wenn sich die Leidenschaften nähern. Diese haben es nötig, sie sofort abzuhauen.‹«

APOPHTHEGMATA, 386

Im Kampf gegen die Leidenschaften ist es wichtig zu wissen, was einem nützt und was nicht. Mit der simplen, mechanischen Nachahmung einer bestimmten Methode ist es nicht getan. Zu erkennen, was hilfreich ist für den jungen Mönch und was nicht, das war in der Regel die Aufgabe des erfahrenen Altvaters, dem sich der Jungmönch aus genau diesem Grund anvertraut hatte.

Neben dieser sehr individuellen Zugangsweise begegnen uns zwei Strategien im Dämonenkampf bei den Wüstenvätern, die sich anscheinend bewährt hatten. Einmal kann es sehr hilfreich sein, die Dämonen beziehungsweise die Gedanken und Bilder, die sie hervorrufen, konkret zu benennen. Antonius war überzeugt, sie so besser in den Griff zu bekommen, weil es uns gelingt, durch die Nennung eine Bewusstwerdung und damit eine erste Distanzierung von ihnen zu erlangen. Evagrius schwor in diesem Zusammenhang auf die von ihm entwickelte antirrhetische

Methode, bei der man zum verbalen Gegenangriff übergehen soll und den Dämonen ganz bestimmte Bibelworte entgegenschleudert. Die bewusste Auseinandersetzung mit den unbewussten Kräften, die in unserer Seele ihr Unwesen treiben, ist auch in der modernen Psychologie ein anerkanntes Therapeutikum. Evagrius und den Wüstenvätern ging es primär um das Aushalten und Sich-Einlassen auf eine Dimension, die, wenn sie ihre Eigendynamik voll entfaltet, destruktiv wirkt.

Aber – das ist der große Unterschied zur mittelalterlichen Dämonenlehre: Die Dämonen sind bei den Wüstenvätern besiegbar, da sie kein eigenständiges Sein haben. Sie sind nicht wesenhaft böse, sondern sie sind nur böse, weil sie ihre Freiheit falsch gebrauchen, ähnlich wie der Mensch, der sich von ihnen beherrschen lässt. Auch haben die Dämonen keine echte Macht über den Asketen, weil sie selbst schwach sind. Ihre Schwäche zeigt sich darin, dass sie entweder nur in der Gruppe auftreten oder dauernd ihre Gestalt wechseln. Auf das Innerste des Menschen, sein Gewissen, haben sie keinen Einfluss. Was sie manipulieren können, sind Verhaltensweisen des Asketen, damit er bestimmte Dinge tut, die seiner Askese zuwiderlaufen, nicht aber das menschliche Wesen selbst.

Eine andere, ebenso häufig propagierte Methode im Umgang mit den Dämonen wie der Gegenangriff war das Ignorieren. Die Nervensägen einfach nicht beachten! Es gibt Situationen im Leben, wo das Nichtbeachten eines auftauchenden Gedankens eine bessere Umgangsweise darstellt als das permanente Sich-damit-Beschäftigen. So wie es Menschen gibt, die sich konsequent einer Auseinandersetzung mit sich selbst und ihren Problemen verweigern, so gibt es umgekehrt Menschen, die nicht aufhören können, sich um sich selbst und ihre Probleme zu drehen. Zu erkennen, wann man sich mit einer Sache, einem Gedanken, einer Leidenschaft, einem Dämon auseinandersetzen muss und wann nicht, das ist die wahre spirituelle Intelligenz.

In der Vätertradition gibt es immer wieder wunderbare Beispiele für Menschen, die das Nichtbeachten der nervigen Dämonen bis zur Perfektion beherrschten. So berichtet etwa Evagrius von einem Abba, den die Dämonen vierzehn Tage lang bedrängten, indem sie ihn unentwegt in die Luft warfen und mit einer Matte auffingen. Dieser ließ sich aber nicht aus seiner Geistesruhe reißen, sodass die Dämonen entnervt die Segel strichen. Schlacht verloren!

Eine gewonnene Schlacht ist noch kein gewonnener Krieg

Eines betonte Evagrius aber immer wieder: Ein Sieg über eine Leidenschaft und ihren Dämon ist noch kein Sieg über alle Leidenschaften und Dämonen. Die Dämonen warten nämlich nur darauf, neue Schwachstellen, also eine vernachlässigte Tugend, zu finden, um den Menschen dort erneut anzufallen. Aus diesem Grund mahnt Evagrius seine Mönchskollegen immer wieder, ein abgelegtes Laster nicht durch ein neues zu ersetzen:

> »Denn was für einen Nutzen (bringt es), wenn wir die Habsucht durch Almosen und die Leidenschaften des Magens durch Enthaltsamkeit ablegen, jedoch die anderen Leidenschaften des eitlen Ruhmes oder des Murrens anlegen ...«
>
> EVAGRIUS, BRIEFE AUS DER WÜSTE, BRIEF 17

Die Dämonen sind aber in ihrer Kriegsführung noch viel raffinierter. Sie tun nämlich, wenn ein Mensch im Kampf gegen sie um himmlischen Beistand fleht, so, als wären sie dieser Beistand:

> »Die Dämonen teilen sich zeitweilig in zwei Gruppen auf. Rufst du gegen die eine um Hilfe, erscheint dir die zweite Gruppe in der Form von Engeln, die die erste Gruppe vertreibt. Sie wollen dich glauben machen, dass sie wirklich die heiligen Engel sind.«
>
> EVAGRIUS, ÜBER DAS GEBET, KAP. 95

Übertragen heißt das, dass wir, wo es um den Prozess der Heilung und Egotransformation geht, immer wieder in Gefahr sind, Gefährdungen nicht zu erkennen, weil sie im Gewand des Therapeutikums daherkommen. Dies kann für Methoden, aber auch für Menschen gelten, die uns scheinbar auf unserem Weg unterstützen, letztlich aber vom Ziel immer weiter entfernen. Wachsamkeit und kritische Selbstreflexion sind wichtige Elemente, die verhindern, dass ein Therapeutikum zum Gift wird.

In der Vätertradition stand eine bestimmte geistige Tugend, die in der Moderne, nicht zuletzt wegen ihres jahrhundertelangen Missbrauchs, nicht mehr sehr geschätzt wird, hoch im Kurs: die Demut. Als ein Einsiedler einmal Dämonen austreiben wollte, fragte er sie:

> »›Wodurch fahrt ihr aus, durch Fasten?‹ Und sie sagten: ›Wir essen und trinken nicht.‹ ›Durch Nachtwachen?‹ (fragte der Anachoret) Und sie antworteten: ›Wir schlafen nicht‹ – ›Durch Abgeschiedenheit?‹ ›Wir leben in der Wüste.‹ ›Wodurch nun

fahrt ihr aus?‹ Und sie sagten: ›Nichts besiegt uns außer die Demut.‹ – Siehst du, dass die Demut (das Mittel) zum Sieg über die Dämonen ist?«

APOPHTHEGMATA, 314

Demut hat nichts mit einer falschen Unterordnung unter Autoritäten oder mit blindem Gehorsam zu tun, sondern mit der Fähigkeit, loszulassen. Demut heißt, nicht mehr am Eigenen zu haften, frei zu sein von der falschen Vorstellung, Dinge, Eigenschaften etc. zu besitzen. Und frei zu sein von jeglicher Form der Überheblichkeit, die immer in der Egofixierung gründet. Der wahrhaft Demütige ist derjenige, der die Egofixierung aufgebrochen hat. Damit haben die Dämonen jede Angriffsfläche verloren.

Die eigenen Schatten erkennen

In seiner Dämonenlehre liefert Evagrius letztlich eine profunde Analyse der Tiefenschichten der menschlichen Psyche. Er beschreibt nämlich nicht nur, was zu tun ist, wenn die Dämonen loslegen, sondern auch, welche Ängste und Zweifel sie im Herz entfachen, sobald sich der Mensch um ein spirituelles Leben bemüht. Und wer sich auf den inneren Weg gemacht hat, der wird sehr schnell merken, dass, je stärker er danach trachtet, sich von seinen Schatten oder Dämonen zu befreien, diese immer massiver in den Vordergrund drängen und ihn von seinem Weg abzubringen versuchen.

»Wenn dich die Dämonen, indem sie plötzlich wie aus dem Nichts erscheinen, in eine Stimmung der Niedergeschlagenheit versetzen, dich gleich wilden Tieren anfallen und dir so

> große Angst machen, dann gib dich nicht der Panik hin. Ja, selbst wenn sie dich bedrohen, lass dich nicht beunruhigen. Sie wollen dir Angst einjagen, um deine Kräfte auf die Probe zu stellen. Sie wollen wissen, ob du sie ernst nimmst oder ob du sie verachtest, indem du sie einfach übersiehst.«
>
> EVAGRIUS, ÜBER DAS GEBET, KAP. 99

Durch die Militanz ihrer Störversuche haben die Dämonen für Evagrius aber auch eine positive Seite, denn dadurch fachen sie den spirituellen Eifer des Menschen an, sich von ihnen nicht besiegen zu lassen. Je mehr ihn die Dämonen bedrängen, desto mehr hält er an seinem Weg fest. Durch den Kampf mit den Dämonen kann der Mensch wachsen.

Wenn der Dämon gegen den Mönch zum Angriff ansetzt, dann bedient er sich immer der Gedanken als Werkzeug, während er beim Weltmenschen die Taten zu Hilfe nimmt, was damit zusammenhängt, dass der Mönch in der Wüste kaum Möglichkeit zu vielen Taten, wohl aber zu vielen Gedanken hat:

> »Mit den Weltlingen streiten die Dämonen mehr durch die Dinge, mit den Mönchen hingegen zumeist durch die Gedanken, denn der Dinge entbehren sie wegen der Einsamkeit.«
>
> EVAGRIUS, PREDIGT 48, ZIT. NACH BUNGE, S. 26

Damit zeigt Evagrius wieder einmal, dass er ein hervorragender Kenner der menschlichen Psyche war. Der Mensch in der Welt will haben, ganz Konkretes und am besten jeden Tag etwas anderes und Neues. Zu Evagrius' Zeiten waren das: mehr Tiere, mehr Land, mehr Wein, ein größeres Haus ..., heute: schicke Klamotten, Smartphone, ein neues Auto, ein größeres Haus ... Die Liste lässt sich beliebig ergänzen und verändern. Das liegt daran, dass der in der Welt lebende Mensch permanent mit den Neuheiten der Welt in Berührung kommt. Wer sich aus der Welt zurückgezogen hat, ist da etwas weniger trendanfällig. Ob die Haare gerade kurz oder lang getragen werden, der Überwurf rot oder blau, er bekommt es nicht mit.

Alles wäre also gut, wären da nicht die Gedanken. Sie tauchen heimtückisch aus dem Nichts auf und bewirken auf einer geistigen Ebene genau das, was die konkreten Objekte auf der materiellen Ebene auslösen. Der Einsiedler will plötzlich nicht mehr ein-siedeln, sondern lieber zwei-siedeln. Konkret: Er will sich mit dem Bruder im Kellion nebenan austauschen, weil in ihm der Gedanke auftaucht, sich um den Bruder kümmern zu müssen. Was zunächst löblich und gut erscheint, geht es im Gebot der Nächstenliebe ja genau darum, entpuppt sich bei einer gründlichen Analyse als nichts anderes als Flucht vor sich selbst. Hier hat ein Dämon zugeschlagen, würde Evagrius konstatieren.

Die Athleten Christi

Nachdem wir mit Evagrius einen kleinen Zeitsprung in der Vätertradition unternommen haben, drehen wir das Rad jetzt wieder etwas zurück zu Antonius dem Großen. Als Antonius um das Jahr 275 in die Wüste ging, war er, wie bereits bemerkt, der Erste. Gut einhundert Jahre später ging es in der ägyptischen Wüste zu wie in einer deutschen Fußgängerzone am vierten Adventssamstag. Was war zwischenzeitlich passiert? Wieso wollten plötzlich so viele an einen Ort, der bis dato eine *No-go-Area* war?

Askese als sportliche Herausforderung

Wanderasketen, die ohne festen Wohnsitz durch die Lande zogen und das Evangelium verkündeten, kannte man im Christentum schon länger, genauso die Askese. Das Wort bedeutete ursprünglich im Griechischen nur »Einübung«. So pflegten olympische Athleten in der Antike *áskesis*, um bei den Olympischen Spielen zu siegen. Uns moderne Menschen lässt das Wort Askese erschaudern, weil es zum Synonym für Lebensfeindlichkeit schlechthin mutiert ist. Im 2. Jahrhundert war das anscheinend anders, denn bis in diese Zeit hinein lassen sich die Anfänge der christlichen Asketenbewegung zurückverfolgen. Vermutlich waren die Syrer die Ersten, die damit begannen. Die ägyptischen Wüstenväter versuchten durch Askese größere Selbstbeherrschung zu erlangen. Ihre *áskesis* war die Einübung in eine geistige Lebensweise.

Die Verwendung eines Begriffs aus der Welt des Sports war sicher nicht ganz zufällig, denn auch bei den christlichen Asketen wurde immer wieder auf deren ungeheure Leistungen verwiesen. Weil sie siegreich im Kampf gegen das Fleisch waren, nannte man sie »Athleten Christi«. Aber es waren nicht nur die Christen, die sich nach Askese sehnten und sie exzessiv praktizierten. Askese war zu dieser Zeit in der gesamten Mittelmeerwelt, insbesondere bei den gebildeten, griechischsprachigen Heiden, total im Trend. Auch das Judentum konnte auf eine eigene Asketenszene verweisen: die jüdischen Therapeuten. Bei ihnen handelte es sich, wenn wir den Angaben des jüdischen Philosophen Philo von Alexandrien Glauben schenken dürfen, um eine Gruppe von jüdischen Mystikern um die Zeitenwende, die in Ägypten lebten. Wie nach ihnen die christlichen Mönche verschenkten sie ihren Besitz, verließen ihre Familien und lebten streng asketisch.

Warum war die antike Welt so versessen auf Askese? Sie war Ausdruck eines bestimmten Lebensgefühls. Dieses war von zwei Faktoren geprägt. Zum einen von der Überzeugung, dass das Ende der Welt nahe sei; ein Glaube, der die Menschheit seit mehr als 2000 Jahren mit regelmäßiger Sicherheit periodisch überfällt. Das Zweite, was das asketische Lebensgefühl beförderte, war die von der griechischen Philosophie – insbesondere in der von Platon geprägten Richtung – vertretene Überzeugung, dass nur das Reich des Geistigen real sei. Das Materielle hingegen sei vergänglich und damit unbedeutend. Sinn der Askese war es, sich von der Herrschaft der Sinne und des Körpers zu befreien, um frei zu sein für das Geistige, für das Himmelreich. Auch wenn die wenigsten Wüstenväter Platon kannten: Diese Grundhaltung prägte damals Leben und Denken insgesamt. Und das Himmelreich zu erlangen, war ohnehin das höchste Ziel im Leben der Wüstenväter. Doch zuvor musste etwas anderes erlangt werden, wie uns Abba Moses, einer der großen Wüstenväter, der Antonius' Fußspuren hinaus in die Öde folgte, erklärt:

> »Höchstes Ziel unserer Berufung ist zwar, wie wir sagten, das Reich Gottes oder das Reich der Himmel; unser erstes Streben jedoch gilt der Reinheit des Herzens, ohne die es unmöglich ist, zu irgendeinem frommen Ziel zu gelangen.«
>
> CASSIAN, COLLATIONES I,4

Die Reinheit des Herzens! Sie kann eben nur erlangt werden, wenn die Diktatur des »Fleisches« überwunden ist. Um Christus nahe zu sein, verzichteten die Asketen auf alles, was dem normalen Menschen, unabhängig davon, in welchem Jahrhundert er lebt, wichtig ist: Sex, Alkohol, üppige Nahrung, am besten mit viel Fleisch. Man pflegte in der Wüste folglich nicht nur eine äußerst karge Lebensweise, sondern auch eine streng vegetarische. Sex war selbstredend tabu. Eine besonders strenge Richtung im frühen Christentum, die Enkratiten – was so viel heißt wie: die Enthaltsamen – die vor allem in Syrien verbreitet waren, hielten die Sexualität für schlecht, weil sie in ihr eine Folge des Sündenfalls erkannten, die den Menschen den Tieren ähnlich macht. Und geschlafen wurde auch nur äußerst wenig, oftmals im Sitzen. Altvater Arsenios pflegte zu sagen:

> »Es genügt dem Mönch, wenn er ein Kämpfer ist,
> eine (einzige) Stunde zu schlafen.«
>
> APOPHTHEGMATA, 53

Die Kehrseite des Leistungsprinzips

Die Asketen wurden, je strenger sie ihre Askese pflegten, umso mehr von den normalen Gläubigen bewundert und verehrt. Man war der Ansicht, dass sie sich durch ihr Tun ein ewiges Wohnrecht im Himmel erworben hätten. Wer bereits zu Lebzeiten einen Wohnberechtigungsschein bei der himmlischen Wohnbaugesellschaft vorweisen kann, der steht der ganzen Welt des Himmlischen natürlich wesentlich näher als der Rest der Menschheit. Das erklärt, weshalb man sich mit allen möglichen und unmöglichen Gebetsbitten an die Asketen und Mönche wandte. Doch dazu später mehr.

Das Verhältnis der sich entwickelnden Amtskirche zur Askese, insbesondere zur Vorstellung von der Minderwertigkeit der Materie und damit auch der des Körpers, war hingegen nicht ganz so einfach. Auf der einen Seite glorifizierte man genau wie das Volk die Asketen; auf der anderen Seite sah man sich immer häufiger mit der Kehrseite dieser Überzeugung konfrontiert. Die Kehrseite waren Gruppierungen, die sagten, dass das Fleisch gegenüber dem Geistigen nicht nur minderwertig sei, sondern dass die ganze materielle Welt die Schöpfung eines schlechten Gottes sei, denn ein guter Gott könne keine schlechte Welt hervorbringen. Und da hatte man, theologisch gesehen, nun mit einem wirklichen Problem zu kämpfen, denn die Bibel lehrte, dass die Welt von einem guten Gott geschaffen wurde und dass dieser höchstpersönlich seine Schöpfung mit dem Prädikat »gut« versehen hatte. Das theologische Hin und Her, welche Formen der Askese nun rechtgläubig oder häretisch, also nicht mehr mit christlichen Überzeugungen vereinbar sind, bestimmte die folgenden Jahrhunderte.

Antonius wusste von diesen Streitereien vermutlich so wenig wie von Platon und seiner Lehre, als er sich in die Wüste aufmachte. Was er kannte, war das Evangelium, und dort findet sich ein weiterer Gedanke, der für die christliche Mönchsbewegung prägend werden sollte: die *xeniteía*, die Fremdlingsschaft oder Heimatlosigkeit. Was man sich darunter vorstellen kann, erklärt uns Abba Sisoes:

> »Schweige, und sage an jedem Ort, wohin du kommst:
> Ich habe damit nichts zu tun. Und das ist die Fremdlingschaft.«
>
> APOPHTHEGMATA, 776

Prägend für diese Haltung der Welt und Umwelt gegenüber war sicherlich die Stelle aus dem Matthäusevangelium, wo es heißt:

> »Jesus sagte zu ihm: Die Füchse haben Gruben und die Vögel unter dem Himmel haben Nester; aber der Menschensohn hat nichts, wo er sein Haupt hinlege.«
>
> MATTHÄUS 8,20

Wenn Jesus schon keinen festen Platz auf Erden aufzuweisen hatte, wie konnten sich dann seine Anhänger in der Welt einrichten? Diese Frage stellte sich anscheinend nicht nur Antonius, sondern alsbald etliche andere. Und ihre Antwort lautete wie die des Antonius: Auszug aus der Gemeinschaft, Rückzug in die Einsamkeit.

Wie es mit Antonius weiterging

Der von Antonius eingeschlagene Weg schien eine ungemeine Faszination auf die Menschen seiner Zeit ausgeübt zu haben. Die Zeit war für diese Lebensform offenbar reif. Und damit sind wir schon beim springenden Punkt: Der Einsamkeit in der Wüste ging es ähnlich wie den auf Instagram als absolute Geheimtipps gehandelten Traumstränden: Aus der Traum, wenn sich dort plötzlich Tausende, natürlich völlig geheim, tummeln. Auch Antonius musste es am eigenen Leib erfahren, was es heißt, ein von den Menschen verehrter Heiliger zu sein. Jahrelang focht er seine Dämonenkämpfe, eingemauert in seinem verlassenen Kastell, draußen in der Wüste aus. Doch je mehr Menschen von diesen Kämpfen erfuhren, desto mehr kamen, um ihn zu sehen. Wir dürfen nicht glauben, dass die Kommunikation im handyfreien Zeitalter weniger intensiv gewesen wäre, als dies heute der Fall ist. Und weil der Heilige aus seinem zugemauerten Kastell nicht herauskommen und sich zeigen wollte, brach man kurzerhand die Tür mit Gewalt auf. Athanasius schildert das in seiner Lebensbeschreibung des Antonius so:

> »Fast volle zwanzig Jahre lebte er so für sich allein als Asket; niemals ging er heraus, und nur selten sahen ihn andere Menschen. Da aber wünschten viele gar innig, seine Askese nachzuahmen; andere von seinen Bekannten erschienen und brachen und stießen mit Gewalt die Türe auf; da trat Antonius wie aus einem Heiligtum hervor, eingeweiht in tiefe Geheimnisse und gottbegeistert. Damals zeigte er sich zum ersten Male außerhalb der Verschanzung denen, die zu ihm kamen. Wie ihn nun jene sahen, da wunderten sie sich, dass sein Leib das gleiche Aussehen hatte wie vorher, dass er nicht aufgedunsen

war wie der eines Menschen, der ohne alle Bewegung gelebt hatte, dass er keine Spuren von dem Fasten und dem Kampf mit den Dämonen zeigte; denn er sah so aus, wie sie es auch von der Zeit wussten, ehe er sich in die Einsamkeit zurückgezogen hatte. Die Verfassung seines Innern aber war rein; denn weder war er durch den Missmut grämlich geworden noch in seiner Freude ausgelassen, auch hatte er nicht zu kämpfen mit Lachen oder Schüchternheit; denn der Anblick der großen Menge brachte ihn nicht in Verwirrung, man merkte aber auch nichts von Freude darüber, dass er von so vielen begrüßt wurde. Er war vielmehr ganz Ebenmaß, gleichsam geleitet von seiner Überlegung, und sicher in seiner eigentümlichen Art.«

ATHANASIUS, VITA ANTONII, KAP. 14

Zwanzig lange Jahre hatte der Kampf des Antonius gedauert, doch er hatte sich gelohnt, wie alle sehen konnten: Ein echter Athlet Christi betrat nun, wenn auch offenbar eher unfreiwillig, die große Bühne der spirituellen Szene. Dummerweise verunmöglichten die Massen, die Antonius in die Wüste nachreisten, sei es um sich von ihm Rat und Heilung zu erbitten oder um so wie er zu leben, letztlich genau das Leben, dessentwegen Antonius in die Wüste gezogen war. Wo Hunderte und Tausende sind, ist vieles möglich, nur in den seltensten Fällen aber Stille und Einsamkeit. Kein Schild mit »Bitte Ruhe!« konnte die einstige Stille wiederherstellen, sodass Antonius letztlich das tat, was viele spirituelle Sucher nach ihm ebenso taten: sich einen neuen, abgelegeneren Wohnsitz zu suchen. Er zog zum Berg Kolzim – noch heute steht dort das Antoniuskloster – und ließ sich auf dem Berg in einer Höhle nieder, wo er mehr oder weniger bis zu seinem Lebensende, nur umgeben von seinem engsten Schülerkreis, lebte.

Die Einsiedlerwelle rollt

Die erste richtige mönchische Besiedlungswelle der Wüste wurde 325 von Ammon ausgelöst, der nach 18-jähriger Ehe beschloss, die Seiten zu wechseln und Mönch zu werden. Er zog in das Gebiet, das als Nitria bezeichnet wurde. Die Nitria liegt etwa 45 Kilometer südlich von Alexandria, westlich des Nildeltas. Relativ schnell wurde es Sitte, dass sich Eremiten in Kolonien zusammenschlossen. Jeder bewohnte seine eigene Höhle oder Hütte, doch befanden sich diese in Rufweite, sodass man sich in Notfällen helfen konnte. Ende des 4. Jahrhunderts lebten dort über 5.000 Einsiedler!

Die Wüste lebt

Einigen wurde das Gedränge zu groß, schließlich suchte man ja die Einsamkeit, sodass sie weiter in die Kellia zogen, die etwa 18 Kilometer südlich von Nitria liegt. Ihren Namen hatte sie von der Wohnstätte der Mönche, den *kellien*, woraus bei uns das Wort Zelle wurde. Wenn alle Asketen zusammen die Ärmel hochkrempelten, war ein Kellion an einem Tag errichtet. Im Lauf der Jahrzehnte wurden aus den Einraumhäusern manchmal richtige Villen, denn zum Einsiedler gesellte sich ein Bruder, der bei ihm lernte, dann kamen die Gäste, die ein Zimmer brauchten, und eine Bibliothek war auch nicht schlecht, wenn man lesen konnte. Ein Kellion wurde von einer Mauer umschlossen und hatte in der Mitte des Hofes einen Brunnen. Wasser brauchte man nicht nur zum Trinken, sondern auch für den Gemüsegarten zum Bewässern. Die Hauptnahrung war Brot, das zum Teil in richtigen Großbäckereien in Nitria hergestellt wurde. Wir dürfen uns allerdings kein kräftiges Bauernbrot vorstellen, sondern eher eine Art Knäckebrot, das sehr lange haltbar war.

Als das Gedränge aber auch in der Kellia immer größer wurde, zogen andere noch weiter in die Wüste hinein, in die Sketis, das heutige Wadi Natrun – ein 35 Kilometer langes und 8 Kilometer breites Wüstental, das südlich der Kellia liegt und der Tradition nach um 330 von Makarios dem Großen besiedelt wurde. Wie es scheint, hatten sowohl Ammon wie Makarios Kontakt mit Antonius, der aber nicht in den genannten Gegenden lebte, sondern in Pispir und Kolzim.

Aber auch weiter südlich, in der thebäischen Wüste, begann das monastische Leben zu florieren. Darüber hinaus entwickelten sich in Syrien, Kleinasien, Gaza, Mesopotamien, Palästina und auf dem Sinai asketische Bewegungen, die das ostkirchliche Christentum noch jahrhundertelang prägen sollten.

Die Schüler kommen

Mussten sich die ersten Wüstenväter noch völlig allein mit der neuen Lebensweise in der Wüste auseinandersetzen, so konnten die Nachrücker schon von deren Wissen und Erfahrungen profitieren. Dass die Wüste kein allzu gastfreundlicher Lebensraum ist, wenn man sie nicht im Zuge einer voll durchorganisierten Wüstenreise aufsucht, welchen spirituellen Anstrich diese auch immer haben mag, wussten diese Menschen. Das Wissen der Älteren wurde in der Regel dankbar aufgenommen, denn es konnte in körperlicher wie seelischer Hinsicht lebensrettend sein. So mancher Wüstenabenteurer, der sich allein zu weit hineinwagte, wurde nie mehr gesehen oder wenn doch, dann nur noch als Skelett. Andere kamen zwar wieder heraus, aber offensichtlich seelisch nicht gesundet, sondern geistig völlig zerrüttet.

Um also das Wissen der Alten immer wieder zu Gehör zu bekommen, war es naheliegend, sich einfach in ihrer Nähe niederzulassen. Aus Respekt nannte man so einen Alten *Abba*, Vater. Scharten sich zunächst ein paar Junge um einen Alten, konnte sich der Schülerkreis auf einige Hundert erweitern, wenn der Ruf des Abbas legendär war. Lässt sich das Zusammenleben von ein paar Leuten noch recht einfach regeln, ist es verständlich, dass es bei ein paar Hundert dann doch verbindliche Richtlinien braucht. Trotz allem handelte es sich hier noch nicht um Klöster, wie wir sie aus der Tradition des Christentums kennen. Den Unterschied zum »echten« Kloster werden wir gleich noch kennenlernen.

Der legendäre Ruf so mancher Väter erreichte nicht nur diejenigen, die direkt in deren Spuren wandeln wollten, in der Hoffnung, die Fähigkeit, ein engelgleiches Leben zu führen, würde abfärben, sondern auch diejenigen, die eher profanere Wünsche hatten wie: Gesundheit, gute Geschäfte, den untreuen Ehemann wieder ins richtige Bett zu bugsieren, dem ausbleibenden Kindersegen abzuhelfen. Die Liste ließe sich endlos erweitern. So wie man sich sicher war, dass die heiligen Männer ein ewiges Wohnrecht im Himmel hätten, so war man sich auch sicher, dass ihre Fürsprache beim himmlischen Vater auf offene Ohren stoßen müssen, standen diese alten Weisen ihm doch deutlich näher als der Rest der Christenheit. Ein Phänomen, das man aus allen Religionen weltweit kennt.

Antike Pilgerromantik

Es kamen aber noch andere. Wer glaubt, gut organisierte Pilgerreisen seien eine Erfindung der Moderne, der irrt gewaltig. Ganze Karawanen bildungsbeflissener Römer und Griechen schaukelten hoch zu Kamel durch die Wüste, schnurstracks zu den heiligen Männern, deren Ruf längst die zivilisierte Welt erreicht hatte. Ägypten hatte für die gebildeten Römer schon vor der Zeitenwende den Ruf eines geheimnisvollen, tiefgründigen Landes, das sie mit Begeisterung als Touristen bereisten. Je größer der Wohlstand und je dekadenter Rom mit der Zeit wurde, desto größer wurde die Sehnsucht nach dem vermeintlich Ungekünstelten und Reinen. Für die gebildeten Städter der Antike bekam das Wort Wüste auf einmal einen ähnlichen Wohlfühlklang wie für uns moderne Menschen. In den großen Städten sehnte man sich nach der Einfachheit und Freiheit des Wüstenlebens. Denker wie der jüdische Religionsphilosoph Philo von Alexandrien trugen zu dieser Vorstellung erheblich bei. Einer der großen christlichen Wüstenromantiker war der heilige Hieronymus, dessen euphorische Wüstenpreisungen fast schon ahnen lassen, dass so viel Begeisterung auf Dauer nicht gutgehen kann:

> »O Wüste, die du dich zeigst in der Frühlingspracht der Blumen Christi! O heilige Einsamkeit, in der die Steine wachsen, aus denen nach den Worten der Apokalypse die Stadt des großen Königs erbaut wird! O verlassene Stätte, in der man sich des vertrauteren Umganges mit Gott erfreut! Was willst du, mein Bruder, in der Welt, der du erhaben über der Welt stehst? Wie lange sollen der Häuser Schatten auf dich drücken? Wie lange soll dich der rauchgeschwängerte Kerker

dieser Städte festhalten? Glaube mir, ich weiß nicht, was ich allein an Tageshelle hier mehr genieße. Hier kann man sich der Bürde des Körpers entledigen und sich zum reinen Glanz des Äthers emporschwingen.«

HIERONYMUS, BRIEF AN DEN MÖNCH HELIODOR, IIB,14.10

Nach sechs Monaten seliger Einsamkeit war es Hieronymus dann doch zu viel geworden und er kehrte wieder in die Zivilisation zurück. Anders als der heilige Antonius, der dort 80 Jahre aushielt, vielleicht weil er weniger poetisch, dafür etwas realistischer veranlagt war und deshalb mit der Wüste und ihren Entbehrungen besser zurechtkam.

Viele wollten teilhaben an der asketischen Revolution, die sich in Ägyptens Wüste ereignete, und wollten ein heiliges Wort vernehmen – dessen Sinn ohne Dolmetscher leider oft nicht zu erschließen war, da viele Väter nur Koptisch sprachen. Auffällig ist, dass sich unter den antiken Touristen etliche wohlhabende Frauen befanden, die den weiten und nicht immer sicheren und bequemen Weg nicht scheuten. Viele kehrten zurück und begannen, von der Erfahrung aus der Wüste inspiriert, in den großen Städten des Römischen Reichs spirituelle Lebensgemeinschaften zu gründen. Einer hatte dieses Modell der spirituellen Lebensgemeinschaft allerdings schon in der Wüste ausprobiert und perfektioniert: Pachomius, von dem im nächsten Kapitel die Rede sein wird.

Pachomius und sein Modell der Einsamkeit in der Gemeinschaft

Pachomius wurde 287 in Latopolis (heute: Esna) nahe Theben als Sohn eines Bauern geboren. Mit 20 Jahren wurde er Soldat, ob freiwillig oder unter Zwang, ist umstritten. Zweimal saß er im Gefängnis, wo er Christen kennenlernte, die ihn versorgten. Beeindruckt von dieser Begegnung ließ er sich taufen. Nach der Entlassung aus dem Gefängnis ging Pachomius zunächst nach Pmampesterposen, wo er Backsteinbäcker wurde. Eine anscheinend nicht wirklich erfüllende Beschäftigung, denn nach einiger Zeit beschloss er, Wüstenvater zu werden. Sein erster Lehrer war Abba Palamon. Dieser stellt ihm die alles entscheidende Frage, die sich bis heute jeder spirituelle Mensch zu Beginn seiner Karriere stellen sollte: »Willst du dich selbst kennenlernen?« Und der Abba gab gleich zu bedenken:

> »Mein Sohn, es ist kein leichtes Ding, was du hier suchst. Dieser Sache wegen ist mancher schon gekommen. Und hat nicht ausgehalten.«
>
> ZIT. NACH ZANDER, S. 157

Auch Pachomius sollte es nicht aushalten, aber aus anderen Gründen als die meisten anderen Wüstenflüchtlinge. Nach sieben Jahren zweisamer Einsamkeit glaubte er, dass es einen besseren Weg gäbe, ein engelgleiches Leben zu führen: nämlich das Kloster!

Anarcholeben versus Existenzsicherung

Pachomius war überzeugt, dass das geistige Ziel leichter zu erreichen sei, wenn der Heilssucher innerhalb eines Verbundes nach gemeinsamen Regeln lebt, als wenn dies jeder für sich allein versuchte. Völliges Neuland betrat er mit seiner Idee nicht. Denken wir an die Hunderte von Jüngern der bedeutenden Wüstenabbas. Gemeinsam einsam zu sein war vielen schon vertraut. Was Pachomius' Idee aber radikal von dieser Art des Lebens unterschied, war, dass er nun verbindliche Regeln für alle aufstellte. Das bedeutete: Man lebte, betete, aß und arbeitete zusammen und unterstand der Autorität des Abtes sowie einem streng reglementierten Tagesablauf. Dem Abt war jeder Mönch zu absolutem Gehorsam verpflichtet. Dergleichen war im bisherigen Wüstenleben nicht der Fall. Den Weisungen des Abbas sollte man folgen, aber es gab niemanden, der den Gehorsam erzwang. Viele der Altväter weigerten sich sogar, Weisungen zu erteilen. So wird von Abba Theodoret von Pherme berichtet, dass er, als er von seinen Brüdern getadelt wurde, weil er sich weigerte, einem Schüler Anweisungen zu geben, entgegnete:

> »Bin ich ein *Koinobiarch* (d. h. Klosterleiter),
> dass ich ihn anweise?«
>
> APOPHTHEGMATA, 373

Und auch Abba Poimen hielt nichts davon, dass ein Bruder dem anderen Befehle gebe. Als ihn ein Bruder danach befragte und sagte, dass seine Mitbrüder es sogar wünschten, dass er Regeln für sie aufstelle, antwortete Abba Poimen kurz und bündig:

> »Nein, sondern werde selbst Vorbild und nicht Gesetzgeber.«
>
> APOPHTHEGMATA, 748

Ein unbestreitbarer Vorteil des Klosterlebens bestand in der Existenzsicherung. Während der Eremit seinen Lebensunterhalt allein erwerben musste, stand hinter den *Koinobiten* der Klosterverband. So sah Abba Johannes, ein Mönch der frühen Zeit, der beide Lebensformen aus eigener Anschauung gut kannte, den Nachteil des eremitischen Lebens eben gerade darin, sehr viel Zeit auf die Sicherung der Existenz verwenden zu müssen, was wiederum dem spirituellen Streben zum Nachteil gereicht:

> »In diesem Stande [dem koinobitischen] also gibt es keinen Plan für die tägliche Arbeit, keine Zerstreuung durch Kauf und Verkauf, nicht die unvermeidliche Sorge wegen des jährlichen Brotes ...«
>
> CASSIAN, COLLATIONES, 19,6

Ein wesentlicher Unterschied zwischen beiden Lebensformen lag – bedingt durch die Erwerbssicherung – darin, dass der Koinobit, der Klosterbewohner, überhaupt kein Eigentum besaß, während der Eremit, solange er nicht bettelnder Wandermönch war, wenigstens über einen kleinen Privatbesitz verfügte, um seinen Lebensunterhalt zu sichern. Aber auch alles andere, was wir mit einem Klosterleben verbinden, gab es bei den Anachoreten, den Einsiedlermönchen, nicht. Gemeinsame Gottesdienste waren nicht verpflichtend. In der frühen Zeit waren sie sogar eher die Ausnahme, erst später dann die Regel. Von Antonius wissen wir nicht, dass er seine Höhle je zu einem Gottesdienst verließ.

Das Klosterexperiment

Im Jahr 320 begann Pachomius sein Klosterexperiment, das von Beginn an buchstäblich ein voller Erfolg war: In seinem ersten Kloster in Tabennesi lebten knapp 1.400 Männer! Und diese Zahl ist keine biblische Symbolzahl. Mancher Orden hat heute in ganz Deutschland nicht mehr so viele Mitglieder wie ein einziges Kloster des Pachomius vor 1.700 Jahren. Doch der Ansturm wurde noch viel größer, sodass sofort das nächste Kloster gegründet werden musste. Insgesamt entstanden neun Männer- und zwei Frauenklöster mit insgesamt 12.000 bis 14.000 Mönchen und Nonnen.

Wie hat man sich so ein Kloster vorzustellen? Es bestand aus einem ummauerten Gelände mit einem beziehungsweise mehreren Häusern mit etlichen Räumen wie Küche, Bethaus, Schlafräumen, Werkstatt, Waschräumen. Die Mauer diente vor allem dazu, jedem, der nicht Mitglied der Hausgemeinschaft war, den Zutritt zu verwehren. Um bei 1.400 Männern Zucht und Ordnung herzustellen, bedurfte es schon einer straffen Organisation. Die Mönche wurden in verschiedene Arbeitseinheiten eingeteilt. Und gearbeitet wurde viel: Man fertigte Matten, Besen, Häute, Körbe, Leinen, Sandalen etc., die dann verkauft wurden. Nicht immer zur Freude der ortsansässigen Handwerker, die preislich mit der Klostermassenware kaum konkurrieren konnten. Die kleinste Einheit im pachomischen Klosterverband war die Zelle. Sie bestand aus drei Mönchen. Zwölf Zellen bildeten ein Haus. Jedes Haus unterstand einem »Hausmeister« oder Prior. Vier Häuser bildeten einen Stamm, der aus 144 Mönchen bestand. Ein Kloster setzte sich aus zehn Stämmen zusammen. Diese wurden von einem Hegemon (Leiter) geführt. Der Oberste über alle Klöster, das war Pachomius selbst, und nach seinem Tod sein Schüler Theodor. Wen das Ganze ans Militär erinnert, dem wird man zugestehen: wohl zu Recht. Immerhin war Pachomius einmal Soldat gewesen.

Wie sah nun der Klosteralltag bei Pachomius aus? Seine Klosterregel musste er sich, nebenbei bemerkt, nicht aus den Fingern saugen, die erhielt er mittels Himmelspost direkt von einem Engel. Hier zeigt sich dann doch, dass das Herz des himmlischen Vaters anscheinend eher für Ordnung, Disziplin und Hierarchie, also das katholische Kirchenmodell, schlägt und weniger für die anachoretische Chaostruppe, bei der dann letztlich doch jeder tun und lassen konnte, was er wollte. Regel Nr. 5 bei Pachomius lautete:

> »Auch sollst du nicht müßig in der Collecta [Gottesdienst] dasitzen, sondern mit flinker Hand Seile für das Mattengeflecht herstellen.«
>
> PACHOMIUS, KLOSTERREGELN, ZIT. NACH BACHT, S. 84

Dass hier kein katholisches Hochamt zelebriert wurde, liegt nahe. Während einer aus den Psalmen vortrug, saßen die anderen da und arbeiteten. Das war der Gottesdienst im Kloster des Pachomius. Wer nicht bereit war, die vielen Regeln einzuhalten, der wurde erst bestraft, und wenn er nicht umkehrwillig war, aus dem Kloster ausgeschlossen. Disziplin und Ordnung waren Grundpfeiler des pachomischen Klosterlebens. Bei den Strafen zählte die Schelte vor der versammelten Truppe noch zu den harmloseren Strafaktionen. Gefängnisstrafen, wohlgemerkt im hauseigenen Gefängnis, waren bei Regelmissachtungen ebenso bekannt wie die Prügelstrafe, die meist der letzte Schritt vor dem endgültigen Rauswurf war.

Worauf Pachomius neben der Einhaltung der Regel ebenso Wert legte, war eine gewisse Grundbildung. Jeder Mönch musste lesen und schreiben können. Im Kloster unterrichteten die Leiter drei Mal wöchentlich ihre Schutzbefohlenen. Aber nicht nur die geistliche Betreuung der Mönche war vorbildlich, sondern auch ihre Essensversorgung und die Sorge um sie im Krankheitsfall, denn dann ging es ins eigene Krankenhaus. Dazu kam der wöchentliche Waschtag für die Kleidung und ihren Besitzer! Für die Wüstenväter alten Schlags war ein solcher Waschtag sicherlich noch kurioser als die Vorstellung einer gemeinsamen Regel. Bei ihnen galt die Devise: An meinen Körper lasse ich kein Wasser und sonst auch nichts! Was optisch deutlich zu erkennen war, denn die Eremiten strotzten nur so vor Dreck.

Es mag moderne Leser dann doch überraschen, dass die Lebenserwartung der »Müffler« aus der Wüste deutlich höher war als die der Hygieniker im Kloster. Trotz guter Versorgung und Hygiene brachen in den Klöstern immer wieder Seuchen wie Pest und Typhus aus, die sich natürlich auf so engem Raum rasch verbreiten konnten. Pachomius starb 346 in einem seiner Klöster in Pbow an den Folgen einer Pestepidemie. Sein Klostermodell überlebte jedoch bis in unsere Zeit hinein. Seinen frühen Erfolg im Westen verdankte es unter anderem dem Umstand, dass Hieronymus die Regel schon bald ins Lateinische übersetzte. Für das lateinischsprachige, westliche Christentum war das pachomische Modell von Beginn an die einzige Form des mönchischen Lebens. Nicht so für die östliche Christenheit, dort lebten Koinobiten und Eremiten noch lange nebeneinander her.

Wo sind eigentlich die Mütter?

Bis jetzt war dauernd von den Vätern die Rede. Gab es nicht auch Mütter? Wenn wir uns in der ägyptischen Wüste umsehen, so erblicken wir zwar viele lange Bärte und auch ein paar zarte Wangen, doch Letztere gehören fast immer den nachwachsenden Jungmönchen, die zum Teil schon als Kinder den Abbas anvertraut wurden oder von den eigenen Vätern, die eine Mönchskarriere starteten, mit in die Wüste genommen wurden. Wo sind aber die Wüstenmütter? In den *Apophthegmata Patrum*, den Vätersprüchen, begegnen uns nun sage und schreibe drei Mütter bei 130 Vätern! Besser als nichts. Für überlieferungswürdig galten die Weisheiten von Amma Sarrah, Amma Synkletika und Amma Theodora.

Drei energische Frauen

Amma Sarrah lebte 60 Jahre am Nil, allerdings ohne ihn je gesehen zu haben, da sie sich von dem Platz, an dem sie sich befand, ihr ganzes Leben lang nicht wegbewegte. Damit erfüllte sie jedoch eine der wesentlichen Forderungen der ägyptischen Wüstenväter, die da lautete: »Bleib in deinem Kellion!« Selbstbewusst scheint sie auch gewesen zu sein. Als eines Tages ein paar Asketenbrüder bei ihr hereinschneiten, um ihr dann gleich noch den brüderlichen Rat zu geben, sich jetzt bloß nichts einzubilden, dass sie als dummes Weib von zwei so tief erleuchteten Asketen Besuch erhalten habe, entgegnete sie ihnen:

»Der Natur nach bin ich eine Frau,
aber nicht dem Gedanken nach.«

APOPHTHEGMATA, 887

Das saß. Die vorgebrachte Kritik der beiden Einsiedler zeigt, dass die Existenz einer Asketin in dieser Region einer Rechtfertigung bedurfte, und zwar, weil sie als Frau versuchte, was Sache der Männer war: Athleten Christi zu sein, die mit vollem Einsatz ihrer körperlichen und geistigen Kräfte gegen das Böse kämpften. Athleten waren in der antiken Welt nun einmal Männer! Diese Vorstellung war im kulturellen Bewusstsein der Menschen verankert. Dass Sarrah jedoch eine bedeutende Größe in der asketischen Szene ihrer Zeit war, auch wenn ihre Autorität nicht von allen unkommentiert akzeptiert wurde, wird unter anderem daran deutlich, dass sie immer wieder Besuch von Brüdern bekam, da ihr Wort etwas galt.

Auch Amma Synkletika (316–400) hatte es in sich. Ihre Familie stammte aus Makedonien, lebte aber in Alexandrien. Nach dem Tod ihrer Eltern begann sie mit ihrer blinden Schwester zusammen, ein Eremitenleben in einer aufgelassenen Zisterne zu führen; wo genau, ist nicht bekannt. Von ihr ist unter anderem das Gebot überliefert, sich nie zu erzürnen. Das war eine der Anweisungen, die bei den Wüstenvätern immer wieder zu hören waren. Der Zorn galt als ein ganz übler Geselle. Was aber tun, wenn der Zorn doch hochkocht, weil der Nachbar nebenan einfach nur nervt?

»Gut ist es, nicht zu zürnen. Wenn es aber geschieht, räume der Leidenschaften als Maß nur den Tag ein … Was hasst du den, der dich betrübt hat? Nicht er ist es, der Unrecht getan hat, sondern der Teufel. Hasse die Krankheit und nicht den Kranken.«

APOPHTHEGMATA, 904

Von Amma Theodora schließlich wird berichtet, dass sie ein monastisches Leben führen wollte, weshalb sie ihren Mann verließ. Als Mann verkleidet flüchtete sie in ein Männerkloster am Nil, wo sie 80 Jahre unentdeckt lebte – keine dumme Idee, wenn man sich nicht den ganzen Tag anhören möchte, nur ein Weib zu sein. Die Verkleidung als Mann schien zudem für eine Frau eine Möglichkeit zu sein, einigermaßen sicher in der Wüste zu leben. Leider besuchte der Dämon der *porneía*, der Unzucht, besonders gern die Wüstenväter. Dies wird gerade auch in jenen Geschichten deutlich, die schon über die zweite und dritte Generation von Vätern im Umlauf waren: Offenbar hatten diese mitunter jungfräuliche Schülerinnen, die sie umsorgten. In einigen Fällen war das Versorgungsverhältnis dann etwas zu intim und aus den Jungfrauen wurden biologische Wüstenmütter.

In der Wüste unerwünscht

Doch zurück zu unseren verborgenen, sprich verkleideten Müttern der ersten Generation.

Bei Abba Besarion beispielsweise wird uns von einem etwas seltsamen Mönch berichtet, der, als Besarion mit seinem Schüler an dessen Höhle vorbeikam, nicht grüßte, weil er so tief in seine Arbeit versunken war. Auf der Rückkehr von ihrer Reise schauten sie noch einmal bei diesem Mönch vorbei, um leider festzustellen, dass er gestorben war. Besarion verstand dies als Zeichen des Himmels, den toten Bruder zu bestatten.

Als sie sich daranmachten, stellten sie fest, dass es eine Frau war. Originalton Besarion:

> »Sieh, wie auch Frauen den Satan niederringen,
> und wir in den Städten schicken uns nicht dazu an.«
>
> APOPHTHEGMATA, 159

Eine ähnliche Geschichte wird von der heiligen Apollinaria berichtet, die viele Jahre unter dem Namen Dorotheus als Mann verkleidet zum engsten Schülerkreis von Makarius dem Älteren gehörte. Und auch hier wurde ihr Geheimnis erst bei der Bestattung beziehungsweise der davor stattfindenden Waschung des Leichnams entdeckt.

Die wenigen Frauen, die allein in die Wüste gezogen waren, hatten schon durch die äußeren Lebensbedingungen meist alles Weibliche abgelegt. Sie waren wahre Athleten Christi geworden. Und sie taten gut daran. Es sei an dieser Stelle noch einmal auf die illustre Gesellschaft verwiesen, die sich in Ägyptens Wüste tummelte, Verbrecher und Wüstenväter, von denen wiederum nicht wenige selbst dem kriminellen Milieu entstammten.

So versuchte der angehende Wüstenvater Patermuthius, als er noch nichts von seiner Berufung wusste, sondern noch als Mörder und Grabräuber tätig war, die Einsiedelei einer Jungfrau auszurauben. Auf dem Dach derselbigen hatte er aber eine Vision, die für die Jungfrau sicherlich heilbringend und ihre Jungfräulichkeit sichernd war, nämlich fortan tugendhaft zu leben (vgl. Rufinus, Historia monachorum, 10,4). Die ägyptische Wüste war für allein lebende Frauen des 4. Jahrhunderts vermutlich so verlockend wie ein deutsches Bahnhofsviertel in den 1970er-Jahren um Mitternacht.

Wie herzlich zudem schon der Empfang eines ganz normalen Wüstenvaters für eine Frau sein konnte, zeigt die folgende Begebenheit, als eine reiche Römerin endlich auf Altvater Arsenios traf, den sie in der Wüste besuchen wollte. Hören wir, was Arsenios seiner Besucherin entgegenschmetterte:

»Warum wagst du es, eine so große Schiffsreise zu machen? Weißt du nicht, dass du eine Frau bist? Darfst du denn jemals irgendwo hingehen? Oder willst du nach Rom (zurück)kehren und den anderen Frauen sagen: ›Ich habe den Arsenios gesehen!‹, dass sie dann auch den Seeweg zu mir nehmen?«

Verschämt schlich sie sich von dannen, nur getröstet von Erzbischof Theophilos, der ihr die etwas harschen Worte im Nachhinein erläuterte:

»Weißt du nicht, dass du eine Frau bist, und der Feind [Satan) wegen der Frauen die Heiligen bekriegt? Deshalb sprach der Alte (so), für deine Seele jedoch betet er immer.«

NACH APOPHTHEGMATA, 66

Man(n) kann eine Frau eben nicht oft genug daran erinnern, dass sie eine Frau ist. Vielleicht wollte Arsenios aber auch tatsächlich nur der Touristeninvasion in seinem beschaulichen Kellion vorbeugen. Vielleicht hatte er nächtens einen Albtraum, in dem er sah, wie eine Lawine von reichen Römerinnen auf spirituellem Selbsterfahrungstrip geradewegs auf sein Kellion zurollte und es unter sich zu begraben drohte. Vielleicht war es wirklich die Angst vor der ultimativen Mörderwaffe des niederträchtigen Satans, der mittels Frauen die ganze Askese und damit die Herzensreinheit und damit den Zutritt zum Himmel zu zerstören drohte. Von dieser Warte aus betrachtet, ist es gar nicht so unvernünftig, sich den Versuchungsauslöser vom Hals zu halten. Man beginnt ja auch keine Diät und stellt sich gleichzeitig eine Sahnetorte in den Kühlschrank.

Wenn heute immer wieder von den ägyptischen Wüstenmüttern zu hören und zu lesen ist, so entspringt dies vermutlich doch eher der Sehnsucht nach mehr weiblichen Elementen im christlichen Leben als der historischen Realität. Die Zahl der echten ägyptischen Wüstenmütter war sehr übersichtlich. Dies bedeutet natürlich nicht, dass im 4. Jahrhundert kein spiritueller Ruck durch die christliche Frauenwelt der Mittelmeerländer gegangen wäre. Religion war immer schon eine Frauenangelegenheit. Nur führte dieser Ruck die Frauen in den seltensten Fällen als Einsiedlerinnen in die Tiefen der ägyptischen Wüste, sondern eher in klosterähnliche beziehungsweise klösterliche Lebensgemeinschaften in den Stadt- und Landhäusern der reichen Alexandriner.

Das klassisch asketische Leben für Frauen im 4. Jahrhundert war das jungfräuliche Leben; in der Regel im klösterlichen Zusammenschluss mit anderen Frauen, entweder im eigenen Haus oder in einem entlegenen Landhaus, das einer der Frauen gehörte. Und es waren Frauen, die oftmals der Oberschicht entstammten. Ihnen war es möglich, andere Frauen um sich zu scharen, mit ihnen zu leben und sie zu versorgen. In Melania ist uns bereits eine solche Frau begegnet. Hochgebildet, wohlhabend, selbstbewusst und dazu noch mit einer Extraportion Mumm in den Knochen. Diese Frauen standen oftmals in regem geistigen Austausch mit Klerikern und anderen Asketen. Dass dies die Gerüchteküche immer wieder befeuerte, ist nachvollziehbar.

Wo Frauen wirklich als Einsiedlerinnen lebten, blieben sie näher am bewohnten Gebiet oder wählten eine völlig andere Lebensweise, die wir gleich noch kennenlernen werden. Blättern wir ein wenig in Palladius' Schrift »Leben der Väter« (*Historia Lausiaca*), so bestätigt sich das Bild. Auch er, der sehr respektvoll von den Ammas spricht, ihren asketischen Kampf dem der Männer für völlig ebenbürtig betrachtet und ihnen fast ein Drittel seines Buches widmet, präsentiert uns Frauen, die entweder klösterlich lebten oder nahe menschlichen Siedlungen – oder sich kurzerhand einmauern! Dazu später mehr.

Von der Hure zur Heiligen

Eine Mutter wollen wir an dieser Stelle aber noch erwähnen, denn sie erfüllt tatsächlich alle Kriterien einer echten Wüstenmutter, wenn auch nicht in Ägypten, obwohl gebürtige Ägypterin: Es ist die heilige Maria, die Abba Zosimus dem Vergessen entrissen hat. Von ihr wird berichtet, dass sie völlig allein und völlig nackt in der Wüste Jordaniens lebte, aus Buße über ein etwas zu ausschweifendes Leben in jungen Jahren.

Dieser Typus Frau begegnet uns auffallend oft im Umfeld der Wüstenväter: die reuige Prostituierte, die dann das Zeug zur großen Heiligen hat, nachdem ihr ein Vater die Augen geöffnet hat. Für Zosimus, der eigentlich auf der Suche nach einem in der Askese erprobten Abba ist, wird Amma Maria mit ihren 60 Jahren Wüsten- und Askeseerfahrung zur Offenbarung und Rettung auf seinem Weg. Einer der wenigen Fälle weiblicher Lehrerschaft und männlicher Schülerschaft. Dass an der Echtheit dieser Geschichte Zweifel angemeldet werden, dürfte nach dem, was wir bisher gehört haben, nicht mehr überraschen.

Und da ist noch eine, die es fast geschafft hätte, Wüstenmutter zu werden: Paesia. Als Waise versorgte sie im eigenen Elternhaus lange Zeit Wüstenväter auf der Durchreise. Leider waren irgendwann die Mittel erschöpft und Paesia tat, was alleinstehenden Frauen ohne familiäre Unterstützung in dieser Zeit möglich war. Sie prostituierte sich. Als die Väter das hörten, waren sie so erschüttert, dass sie Altvater Johannes zu Paesia schickten, um ihr zu helfen. Gesagt, getan. Johannes führte Paesia, nachdem sie Umkehr und Reue gelobt hatte, schnurstracks hinaus in die Wüste, an den Ort, wo die Väter normalerweise alles zu ertragen bereit waren, nur keine Frauen. Es sei hier nur an Abba Sisoes erinnert, der seinen Schüler aufforderte, ihn an einen Ort zu bringen, wo kein Weib sei:

> »Da erwiderte der Schüler: ›Aber wo ist ein Ort, wo es keine Frau gibt, wenn nicht die Wüste?‹ Es sagte nun der Alte: ›Bringe mich in die Wüste!‹«
>
> APOPHTHEGMATA, 806

Paesia musste sich aber nicht allzu lange mit frauenfeindlichen Vätern auseinandersetzen, denn der Himmel hatte Erbarmen – mit beiden Parteien. Just in der ersten Wüstennacht wurde Paesias Seele in den Himmel aufgenommen. Vater Johannes erfuhr von Gott darüber hinaus auch noch,

> »dass die eine Stunde ihrer Buße angenommen wurde für eine Buße, die sich viele (Stunden) hinzieht, aber nicht die Glut einer solchen Buße aufweist«.
>
> APOPHTHEGMATA, 355

Das erinnert deutlich an jene Stelle im Evangelium, wo Jesus der Sünderin vergibt, mit der Begründung, dass sie viel geliebt habe (Lk 7,47). Interessant an der Geschichte von Paesia ist vor allem, dass Abba Johannes überzeugt war, Frauen hätten durchaus etwas in der Wüste zu suchen. Er glaubte, dass die Wüste ein Therapeutikum für geschundene männliche wie weibliche Seelen gleichermaßen sein könnte.

An die therapeutische Kraft der Worte der Wüstenväter glaubten zumindest viele Frauen aus den Ortschaften und Städten rings um die Einsiedeleien. Aus diesem Grund hielten sich in der Wüste oft mehr Frauen auf, als es den hartgesottenen Kämpfern Christi gefiel, selbst wenn diese nur »zu Besuch« kamen. Die Frauen suchten Heilung durch die Kraft des Gebets eines Abbas. Manchmal wirkte schon eine Fernheilung, wenn durch einen Boten oder einen Brief das Anliegen vorgebracht werden konnte. In den meisten Fällen besuchten die Frauen die Väter jedoch persönlich. Ab und zu kam dann noch die eigene Familie, um nach dem Rechten zu sehen beziehungsweise um sich beim eigenen Bruder oder Ex-Mann einen Rat zu holen. Nicht zu vergessen all die Pilgerinnen aus fernen Ländern, die aus Gründen der Sicherheit meist in Gruppen reisten, zu denen nicht selten Bischöfe und Kleriker zählten. Wenn man sich die Phobie vieler Väter vor dem Klerus ins Bewusstsein ruft, dann müssen diese Gruppen für manchen Vater eine wirklich asketische Herausforderung dargestellt haben. Frauen und Klerus vereint vor dem Kellion – etwas Schrecklicheres konnten sich die schlimmsten Dämonen nicht ausdenken.

Wandernonnen und Inklusinnen

Lassen wir auf der Suche nach Wüstenmüttern unseren Blick nun ein wenig aus Ägyptens Wüste in benachbarte Länder schweifen: Da tauchen vor unseren Augen auf einmal neue, recht eigenartige Gestalten auf. Eine ist uns in Amma Maria eben schon begegnet. Eine nackte Heilige ohne festen Wohnsitz: den ägyptischen Vätern ein dreifaches Ärgernis. Nackt, Frau und ohne Kellion! Wo gibt's denn so etwas! Ja, wo? Bei den Syrern. Wieso begegnen uns nun gerade dort Wandernonnen? Für die syrische Christenheit waren zwei Aspekte prägend.

Erstens: Die Betrachtung der Wüste war eine völlig andere als die in Ägypten. Die Syrer sahen in der Wüste nicht einen Ort des Todes und der Lebensfeindlichkeit, sondern sie war das Land, in dem einst Menschen und Tiere in »vorgesellschaftlicher Freiheit« miteinander verkehrten, wie es Peter Brown formuliert – was nicht nur historische, sondern auch topografische Gründe hatte. Syriens Wüste war nicht so lebensfeindlich wie die Ägyptens. Ein Ort, wo Menschen und Tiere in vorgesellschaftlicher Freiheit miteinander verkehrten, das erinnert doch sehr an die Paradiesschilderung der Bibel. Für die syrischen Asketen, die ein engelgleiches Leben führen wollten, war dies genau der richtige Ort.

Zweitens: Engel haben kein Geschlecht! Wo es um das engelgleiche Leben geht, bewirkt durch eine asketische Lebensform und die Gnadengabe des Heiligen Geistes, lösen sich auch die Geschlechtergrenzen auf. Die Syrer waren in allem einen Tick radikaler als die Ägypter. Dies erlaubte es den Frauen, die tradierten Geschlechtergrenzen in diesem einen Feld leichter zu überwinden. Engelähnlichkeit war jedem möglich, wenn er bereit war, auf sein Geschlecht zu verzichten. Sie ermöglichte es den Frauen, in der Wüste zu leben und in Nachahmung der paradiesischen Situation, ohne festen Wohnsitz, mit den Tieren in der Wüste zusammen zu sein und sich wie diese und wie es die Bibel in Genesis 1,29–30 beschreibt, rein vegetarisch zu ernähren.

Für alle Frauen, die nicht so sehr wie die syrischen Wandernonnen auf die engelgleiche Geschlechtslosigkeit in der Wüste vertrauten, gab es eine andere Lebensform, das strenge Asketenleben in der Einsamkeit zu praktizieren. Sie ließen sich kurzerhand einmauern. Sicher war's und einsam bis zu einem bestimmten Grad auch. Das Inklusentum (von lateinisch *includere* – einschließen) war aber kein rein weibliches Phänomen, es gab auch etliche männliche Inklusen. Unser heiliger Antonius, der Prototyp aller Wüstenasketen, war wohl der erste Inkluse. 20 Jahre lang saß er eingemauert in seinem Kastell und kämpfte mit den Dämonen, bis die neugierige Meute draußen vor der Tür es nicht mehr aushielt und die Tür, hinter der sich der Dämonenbekämpfer befand, aufbrach.

Aus dieser Erfahrung zogen die nachfolgenden Inklusen und Inklusinnen wohl ihre Konsequenzen und beschlossen, das Türproblem einfach dadurch zu lösen, dass sie selbige kurzerhand hinter sich von innen zumauerten. Schluss mit ungebetenen Eindringlingen! Wer eingemauert lebte, dem konnte man zudem nicht die Haare als Heilmittel gegen Rheuma vom Kopf zupfen oder dauernd am Gewand herumnesteln, in der Hoffnung, dadurch Heilung zu erlangen. Allerdings waren der Inkluse oder die Inklusin auf die externe Versorgung angewiesen. Doch diese scheint in keinem der bekannten Fälle ein Problem gewesen zu sein. Egal ob die Inklusen sich in ein Grab einmauerten oder in ein Häuschen mitten im Dorf, es fanden sich immer schnell Leute, die die Versorgung übernahmen. Die Versorgung mit Nahrungsmitteln hinein und deren verdauten Überresten hinaus geschah meistens durch ein kleines Loch in der Wand. Wie man sich so ein eingemauertes Leben vorzustellen hat, beschreibt uns Palladius recht anschaulich:

> »Weiterhin hat Didymos der Blinde mir von einer Jungfrau namens Alexandra Folgendes erzählt: Diese ging aus der Stadt hinweg, schloss sich in ein Grabmal und ließ sich durch eine Wandöffnung die nötigen Lebensmittel reichen. Zehn Jahre lang sah sie weder ein Mannes- noch ein Frauenantlitz. Im zehnten Jahr entschlief sie, nachdem sie selber sich bereit gemacht hatte. Da jene Frau, die gewöhnlich zu ihr kam, keine Antwort erhielt, teilte sie es uns mit. Wir sprengten die Tür und fanden sie tot. Die dreimal selige Melania, von der ich später noch reden will, erzählte Folgendes von ihr: Wohl hab ich ihr Antlitz nicht gesehen, doch trat ich an die Maueröffnung und bat sie, mir zu sagen, weshalb sie sich in das Grabmal eingeschlossen habe. Da rief sie durch die Öffnung heraus: ›Es wurde jemand von sinnloser Leidenschaft für mich erfasst; um mir nicht den Vorwurf machen zu müssen, er habe meinetwegen Kummer und üble Nachrede, zog ich es vor, mich lebendig in dies Grabmal einzuschließen, statt eine Seele zu verderben, die nach Gottes Ebenbild erschaffen ist.‹ Ich fragte sie: ›Wie kannst du aushalten ohne jeden Umgang? Fällt dir die Einsamkeit nicht zur Last?‹ Sie erwiderte mir: ›Ich bete vom frühen Morgen zu jeder Stunde bis zur neunten und spinne Leinwand, mache

während der anderen Zeit im Geiste die Runde bei den heiligen Patriarchen, Propheten, Aposteln und Märtyrern und esse dann mein Stücklein Brot. So leb ich in Ruhe dahin und erwarte voll tröstlicher Hoffnung das Ende.‹«

PALLADIUS, LEBEN DER VÄTER, NR. 5

Interessanterweise war das Inklusenwesen die einzige asketische Lebensweise, die sich auch lange Zeit im westlichen Christentum halten konnte. Im Mittelalter gab es im lateinisch sprechenden Abendland eine wahre Flut von Inklusinnen. Die Inklusin hatte mit der in Klausur lebenden Nonne eines gemeinsam: Man wusste immer, wo sie war, und das war aus kirchlicher Sicht gut so.

Auf Bergen und Säulen

Nachdem an dieser Stelle schon die Syrer und Syrerinnen mit ihrer etwas unkonventionelleren spirituellen Lebensweise genannt wurden, soll der Vollständigkeit halber noch ein weiteres Wohnmodell der syrischen Spiritualgemeinschaft genannt werden, das sich im gesamten Orient verbreitete und sich ungemeiner Beliebtheit erfreute, nur nicht bei den Wüstenvätern in Ägypten: das Säulenstehertum. Wie bereits bemerkt, hatte man in Syrien ein etwas anderes Verhältnis zum Leben in der Wüste und ganz allgemein zur Spiritualität als in Ägypten. Syrien war ethnisch gemischter und religiös von vielen Kulten geprägt, die wenig mit der nationalen Identität zu tun hatten. Das Alte beeinflusste in Syrien nicht so sehr den Umgang mit dem Christentum wie in Ägypten. Die Syrer entwickelten eine eigene Sicht des Christentums, insbesondere der christlichen Askese, und die war um einiges radikaler als in Ägypten. Zudem treffen wir in Syrien bedeutend mehr Frauen an, die den asketischen Lebensweg wählen, als in Ägypten.

Die syrische Lebensart

Die unterschiedlichen geografischen Zonen des Landes – Berge, Wälder, Wüsten – boten verschiedenen Askeseformen Raum. Wer durch Syriens Wüsten zog, konnte Menschen beiderlei Geschlechts erleben, die wie wilde Tiere nackt umherzogen und sich nur von dem ernährten, was dort wuchs. Alles, was von Menschenhand kultiviert worden war, verschmähten sie. Weil sie wie weidende Wildtiere waren, scheu und kaum zu sehen, nannte man sie »die Weidenden«, die *Boskoi*. Amma Maria, die den heiligen Zosimus über das wahre Asketentum belehrte, war eine solche »Weidende«.

Wer in die Wälder ging, konnte auf seltsam anmutende, käfigartige Verschläge treffen, die in Bäumen hingen. In diesen Käfigen saßen jedoch keine Vögel, sondern Asketen, die ihr gesamtes Leben eingepfercht zwischen ein paar Holzlatten verbrachten, unbarmherzig der Hitze des Sommers und der Kälte des Winters ausgesetzt, versorgt von wohlmeinenden Mitmenschen. Meist hatten sie das Gelübde abgelegt, nie mehr die Erde mit ihren Füßen zu berühren. Nicht wenige dieser Frischluft-Asketen hatten ihre asketische Karriere als Inklusen begonnen. Vielleicht war die Belüftung der Klausen so schlecht, dass quasi als natürliche Reaktion dann ein Leben unter freiem Himmel vorgezogen wurde?

Und selbst auf den höchsten Berggipfeln standen Tag für Tag unbeweglich Asketen, um mit ihrer Askese und Selbstbeschränkung die Fesseln des Ego zu durchbrechen und frei zu werden für Gott. Von manch einem dieser *Koryphen*, den Gipfelstehern, wird berichtet, dass sie im Winter fast unter den Schneemassen, die sich auf den Gipfeln anhäuften, erstickt und erfroren wären, hätten nicht hilfreiche Menschen sie ausgegraben. Aber auch mitten in den Städten konnten die Syrer Anteil nehmen an den asketischen Leistungen, die Männer und Frauen auf sich nahmen. Immer wieder konnte man auf Gestalten treffen, die sich kiloschwere Eisenketten um ihre Körper gelegt hatten, sodass sie nicht mehr aufrecht gehen konnten, sondern wie Tiere kriechen mussten. Und das ein Leben lang. Was aus heutiger Sicht wie purer Masochismus erscheint, war im antiken Denken durchaus konsequent: Wenn das Ego von Gott wegführt, muss es eben mit Gewalt kleingehalten werden, schließlich geht es um das ewige Heil. Wer schon einmal Indien bereist hat, kann unter den indischen *Sadhus*, den Asketen, bis heute ganz ähnliche Askesepraktiken antreffen, wie wir sie aus den Beschreibungen der antiken Kirchenschriftsteller kennen.

Wie in Ägypten zogen die syrischen Asketen die Bewunderung derer auf sich, die diese radikale Lebensform nicht führen wollten oder konnten. Da es in der Regel nicht bei der Bewunderung blieb, sondern man diese Leute kontaktieren wollte, um von ihnen Heil und Segen zu bekommen, war deren Askese einer erheblichen Belastungsprobe ausgesetzt. Man zog sich ja eigentlich in die Einsamkeit zurück, um frei zu sein für Gott, und plötzlich war es in der Einsamkeit nicht mehr einsam. Hier litten die Syrer unter dem gleichen Problem wie ihre ägyptischen Kollegen in der Wüste.

Am leichtesten fiel es noch den »Weidern« in der Wüste, sich von den Menschen, die sie bewunderten und die von ihnen etwas erhofften, fernzuhalten. Sie konnten, wenn die Massen anrückten, einfach die Flucht ergreifen. Wer in einen Käfig eingepfercht war oder in einem hohlen Baum oder auf einem Berggipfel lebte und sich selbst geschworen hatte, von dort nicht mehr zu weichen, hatte deutlich größere Probleme, wenn er einmal als Heiliger auf dem Radarschirm des hilfesuchenden Volkes geortet war. Er konnte nicht einfach davonlaufen.

Der heilige Symeon: Ahnherr aller Säulensteher

Eine Asketenform fehlt uns jetzt noch in unserer Sammlung: die schließlich außerordentlich berühmt gewordene Gattung der »Säulensteher«. Ihr Ahnherr ist der 389 in Sisan in Syrien geborene heilige Symeon, der nach einer Klosterkarriere mit 25 Jahren sein spirituelles Glück zunächst als Inkluse und dann als Gipfelsteher zu erlangen suchte. Dort musste er aber erfahren, was andere Gipfelsteher und -steherinnen vor ihm erlebt hatten: selbst ganz oben hat man keine Ruhe, denn das Volk rückt unbarmherzig nach. Was letztlich dazu führte, dass Symeon auf einer Säule sein Heil suchte, kann nicht mehr eruiert werden. Sicher ist aber, dass er damit eine völlig neue asketische Lebensweise entwickelte. Mit Symeons Besetzung einer Säule als dauerhaftem Aufenthaltsort waren die *Styliten*, das Säulenstehertum, geboren.

Kaum eine andere Askesepraxis begeisterte die Menschen so sehr wie die der Styliten. Vielleicht, weil der Stylit, im Gegensatz zum Gipfelsteher, nicht auf dem höchsten und nur beschwerlich zu erreichenden Gipfel stand, weil er nicht wie der Eremit in der lebensfeindlichen Wüste saß, sondern weil er unter Umständen sogar mitten im Gedränge der Stadt, nur eben ein paar Meter über der Erde, seinen dauerhaften Wohnsitz nahm. Der Stylit konnte ohne großen Aufwand besucht und um Beistand angefleht werden. Dazu kam aber noch etwas: Wer gen Himmel aufsteigt, ist den Göttern näher, das war schon für die vorchristlichen Syrer gewiss. Wenn nun ein christlicher Heiliger auf einer Säule hoch über der Welt des gemeinen Volkes seinen Platz sucht, dann ist er Gott näher als dieses.

Wo lag aber der Vorteil für den Säulensteher, außer dass er näher bei Gott war? Er hatte seine Ruhe! Auf die Gipfel waren die Massen nachgerückt, die Türen der verschlossenen Kellien hatten sie widerrechtlich geöffnet, aber auf die bis zu 20 Meter hohen Säulen kam keiner hinauf. Der Stylit saß oben und das Volk stand unten. Keiner berührte mehr die Lumpen oder die nackte Haut des Heiligen, denn er war dem Zugriff entzogen. Er redete zu den Massen, wann er wollte, und nicht, wann sie es wollten.

Vermutlich werden Sie sich aber gerade eine ganz andere Frage gestellt haben: Wie kann man denn auf so einer kleinen Säule stehen, geschweige denn leben? Dazu müssen wir uns gedanklich von der schlanken dorischen oder ionischen Säule verabschieden, die einen Durchmesser von einem Meter hat. Von Symeons Säule wissen wir, dass sie eine vier Quadratmeter breite Plattform besaß, an die er ein Geländer anbringen ließ. Vier Quadratmeter sind zwar auch nicht gerade üppig, aber doch so groß, dass man darauf knien, stehen, sitzen und sogar liegen kann. Und falls Sie sich fragen, ob dieser Mensch von göttlichem Manna lebte, das die Engel ihm brachten, und ob er deshalb kein menschliches Ausscheidungsbedürfnis mehr verspürte, dann lautete die Antwort beide Male: Nein. Versorgt wurde der Heilige von unten. Ähnlich wie Rapunzel ihr Haar herabließ, ließ er einen Korb hinab, um das Wenige, das er benötigte, hinaufzuziehen, und in einem noch kleineren Körbchen ließ er das noch Wenigere, das er ausschied, hinunter. Wir wissen von Symeons Nachfolgern auf den verschiedenen Säulen, dass sie zum Teil sogar Abwasserrohre hatten.

Doch wir wollen uns nicht mit den Entsorgungsfragen antiker Asketen beschäftigen, sondern mit dem, was sie den ganzen Tag auf ihren Säulen machten. Über Symeons Leben sind wir deshalb so gut unterrichtet, weil sich gleich mehrere Zeitgenossen die Mühe gemacht haben, über ihn zu schreiben. Symeon verbrachte die gesamte Zeit seines Lebens ungeschützt auf der Säule stehend. Auch wenn manche Berichte vielleicht etwas übertrieben sind, so können wir ihnen dennoch entnehmen, dass das Leben da oben kein Zuckerschlecken war. Symeon war von Geschwüren übersät, die sich entzündet hatten und vor sich hin eiterten. Doch davon ließ er sich nicht beeindrucken. Stundenlang stand er und betete Gott an. Dazwischen fand er immer wieder etwas Zeit, Ratsuchende zu belehren oder Menschen zu segnen. Die Fragen konnte man schriftlich stellen und in den Korb legen. Oder man stieg die äußerst wacklige Leiter hinauf, die der Heilige, wenn es ihm recht war, anlegen ließ. Hinunter stieg er aber nie.

Symeons Ruf war so groß, dass Menschen sogar aus Persien und Mesopotamien kamen, um ihn zu sehen. Selbst das byzantinische Kaiserpaar machte ihm seine Aufwartung. Nach dem Tod des heiligen Symeon im Jahr 459 breitete sich das Stylitentum von Syrien über Palästina bis nach Mesopotamien aus. Im Westen konnte es sich jedoch nie etablieren, obwohl die Säulen der nachfolgenden Generationen bedeutend wetterbeständiger waren. Auf die Säule kam ein kleines Häuschen, das den Säulensteher vor der Witterung schützte. Über derartige Erleichterungen hätte der heilige Symeon vermutlich nur den wetterzerzausten Kopf geschüttelt.

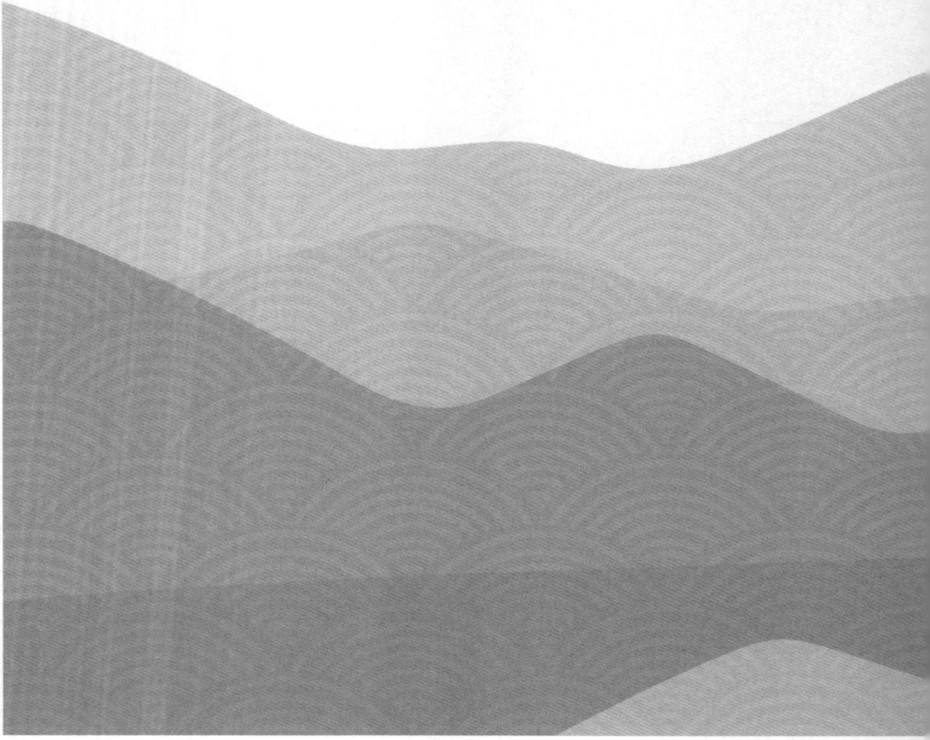

2. KAPITEL

Erkenntnisse der Wüstenväter

Bleib in deinem Kellion und schweig!

So unterschiedlich ihre Praxis war, eines verband die Eremiten der Wüste, die Säulensteher und die Mönche der pachomischen Klöster: das Wissen, dass das Aushalten im eigenen Kellion spirituell unverzichtbar ist. Die Anweisung »Bleib in deinem Kellion sitzen!« war in der gesamten ägyptischen Wüste immer wieder laut und deutlich zu vernehmen, wenn die Frage eines Schülers kam: »Was soll ich tun?«

Warum soll der Mönch das Kellion nicht verlassen? Ein wesentlicher Grund liegt sicherlich in der Erfahrung: Je mehr Eindrücke auf den menschlichen Geist einprasseln, desto schwieriger wird es mit der Sammlung, da der Geist unendliches Bildmaterial hat, mit dem er arbeiten kann.

Das Kino im eigenen Kopf

Warum meditieren wir im Kloster oder im Seminarhaus hoch oben auf dem Bergesgipfel, mitten im Wald oder auf der einsamen Wiese in der Regel wesentlich besser, als wenn wir uns nach einer Party noch aufs Meditationskissen setzen? Genau aus diesem Grund: Je weniger Input von außen hereinkommt, desto weniger muss kognitiv neu bearbeitet werden. Was natürlich nicht heißt, dass damit nichts mehr im Bewusstsein auftaucht, da gibt es ja genug altes Material. Wir hatten Jahre und Jahrzehnte Zeit, den Speicher zu füllen. Auf diese vollgemüllte Festplatte greift unser Geist gern zurück, wenn ihm langweilig ist. Und langweilig scheint es ihm immer dann zu sein, wenn draußen nichts passiert. Dann beginnt er seine eigenen Kinofilme zu produzieren, die noch dazu oftmals Überlänge haben.

Wer sich dem stellt, hat an zwei Fronten zu kämpfen, mit dem Film im Kopf und der Monotonie im Äußeren. Denn viel passiert in so einem Kellion tatsächlich nicht, wenn keine Dämonen, Rat suchenden Frauen, Schüler, Mitbrüder oder Bischöfe zu Besuch sind. Was liegt da näher, als dem Mönch im Kellion nebenan einen kurzen Krankenbesuch abzustatten, getarnt mit dem Mäntelchen der christlichen Barmherzigkeit, um wieder ein bisschen neuen Input für den Filmregisseur zu bekommen. Das ist der zweite Grund, weshalb die Väter so darauf bestanden: Bleib im Kellion! Keine Flucht nach außen in die Zerstreuung! Von Abba Arsenios wird berichtet, dass ein Schüler zu ihm sagte:

> »›Meine Gedanken bedrängen mich und sagen: Du kannst weder fasten noch arbeiten. Besuche die Kranken, denn auch das ist Liebe.‹ Der Alte aber sah diese Saat der Dämonen und sagte zu ihm: ›Geh, iss, trink, schlafe und arbeite nicht. Nur verlasse nicht das Kellion!‹«
>
> APOPHTHEGMATA, 49

Eines wussten die Väter: Die Dämonen sind listenreich. Sie arbeiten nicht nur mit den üblichen Versuchungen wie Essen oder Frauen. Diese Versuchungen sind für den Mönch gut zu erkennen, und wenn er bereits erfahren ist, gelingt es ihm auch, diesen zu widerstehen. Viel gefährlicher sind die Versuchungen, die sich als fromme Praxis tarnen. Aus diesem Grund forderten die Väter immer wieder große Achtsamkeit. Nur wer stets wachsam und achtsam ist, kann die Heimtücke der Dämonen rechtzeitig erkennen und etwas dagegen unternehmen.

Es gibt aber vielleicht noch einen Grund, im Kellion sitzen zu bleiben, wenn man die Betonung auf »sitzen« und nicht so sehr auf »Kellion« legt (vgl. Pranz Dodel, 1997). Dann geht es möglicherweise beim Sitzen um eine Meditationsmethode, von der wir nur leider nichts mehr wissen. Das würde erklären, weshalb es in den Weisheiten der Väter immer wieder um die Frage des Wie des Sitzens geht. Vielleicht pflegten die Väter eine bestimmte Gebetshaltung. Vielleicht ging es bei diesem Verweilen und Sitzen im Kellion um das, was wir heute als reine Gegenwärtigkeit bezeichnen. Völlig bewusst im Hier und Jetzt zu sein und in reiner Gegenwärtigkeit die Aufgaben, die getan werden müssen, auszuführen. Einfach präsent sein und sich durch nichts in dieser Präsenz stören zu lassen.

Von den Ursprüngen des sonntäglichen Stammtisches

Die Forderung, im Kellion sitzen zu bleiben, kollidierte allerdings fundamental mit einer anderen Beschäftigung der Mönche, nämlich sich gegenseitig zu besuchen. Wer nicht die Fähigkeit der Bilokation, also zeitgleich an zwei verschiedenen Orten zu sein, beherrschte, der musste sein Kellion zwangsläufig verlassen. Wenn alles den rechten Gang ging, besuchte man sich, um zu sehen, ob im Nachbarkellion alles in Ordnung war, und wenn dies nicht der Fall war, um den kranken Bruder zu pflegen. Oder aber man ging zu einem Altvater, um sich erbauliche Worte anzuhören.

Ab dem 4. Jahrhundert kamen die samstäglichen Agapefeiern und die sonntäglichen Gottesdienste in der Kirche hinzu, was bedeutete, dass es nun auch einige zu Priestern geweihte Mönche gegeben haben musste. Und diese scheinen eine besondere Autorität gehabt zu haben. Nach dem Gottesdienst bestand noch Zeit zum geselligen Austausch. Der Brauch des Sonntagsstammtischs nach dem Kirchgang scheint in gewisser Weise seine Wurzeln in der Wüste zu haben.

Nicht alle waren darüber erfreut, denn wie so oft im Leben, galt auch hier: Manches, was gut gemeint ist, artet leicht aus. Welcher Art die Ausartung war, erfahren wir aus folgendem Gespräch:

> »Ein Bruder fragte den Altvater Sisoes und sprach: ›Was soll ich tun? Wenn ich in die Kirche gehe, gibt es dort oft ein Liebesmahl [Agapefeier] und ich werde festgehalten.‹ Es sagte ihm der Alte: ›Die Sache ist mühsam.‹ Es sagte nun Abbas Abraham, sein Schüler: ›Wenn am Samstag oder Sonntag ein Treffen stattfindet und ein Bruder drei Becher trinkt, ist das nicht viel?‹ Es sagte der Alte: ›Wenn es nicht der Satan ist, ist es nicht viel.‹«
>
> APOPHTHEGMATA, 805

Einige hartnäckige Einsiedler, die ihrem Namen alle Ehre machen wollten, vermieden darum diesen sonntäglichen Massenauflauf oder flüchteten wie Abba Isaak, bevor der Priester das letzte Wort gesprochen hatte, aus der Kirche, und zwar aus einem einzigen Grund: um ihre mühsam unter der Woche aufgebaute und im Gottesdienst gefestigte innere Ruhe nicht wieder zu verlieren. Außerhalb des Kellions verdunkeln die Dämonen sofort den Geist, deshalb ist es besser, möglichst schnell und ohne Umwege oder Ablenkungen dorthin zurückzukehren (vgl. Apophthegmata, 423).

Außerhalb des eigenen Kellions drohte stets die Gefahr, sich etwas zu intensiv der Kontaktpflege zu widmen und damit den Verlust der inneren Ruhe zu erleiden. Bis heute hält sich ja das hartnäckige Gerücht, dass der Wunsch zum Pläuschchen besonders ein weibliches Phänomen sei. Die Worte der Väter belehren uns da eines Besseren. Männliche Plaudertaschen waren allerorten unterwegs. Spirituell getarnt, immer nur interessiert an einem geistreichen Gespräch. Als Abba Johannes einmal in seinem Kellion saß und schweigend arbeitete, schneite eine solche Plaudertasche bei ihm herein und versuchte ihn in ein Gespräch zu verwickeln. Als alles Schweigen nichts half, sagte Johannes:

> »Seitdem du hier hereinkamst,
> hast du Gott von mir vertrieben.«
>
> APOPHTHEGMATA, 347

Eine klare Aussage – ob sie gefruchtet hat, ist allerdings nicht überliefert.

Wer etwas lernen wollte, sollte sich still hinsetzen, beobachten und dann tun, was der Abba tat, so stellte es sich zumindest Abba Sisoes Schülerschaft vor. Als ihn einer fragte: »Was soll ich tun?«, kam postwendend die Antwort:

> »Was zwingst du mich, unnütz zu reden?
> Siehe, was du erblickst, tue.«
>
> APOPHTHEGMATA, 848

Hier klingt wohl das biblische Wort nach: »An ihren Früchten werdet ihr sie erkennen!« (Mt 7,16). Mancher Abba war etwas gnädiger und gab auf die Frage, was zu tun sei, eine Antwort, die aber letztlich auf das Gleiche hinauslief. Bei Abba Besarion heißt es:

> »Schweige und miss dich nicht [mit anderen].«
>
> APOPHTHEGMATA, 165

Dass die Einübung ins Schweigen ein hartes Geschäft ist, zeigt diese Geschichte:

> »Man sagte über Abbas Agahthon, dass er dei Jahre verbrachte und einen Stein in seinem Mund hatte, bis er das Schweigen erlangte.«
>
> APOPHTHEGMATA, 97

Die noch größere Kunst des Schweigens bestand aber wohl darin, die stets munter plappernden Gedanken im Kopf zum Verstummen zu bringen. Wo dies gelang, stellte sich das äußere Schweigen fast von allein ein.

Ganz gleich, ob geistiges oder äußeres Schweigen, beides wurde von den Vätern als wesentlicher Bestandteil ihres Lebens verstanden. Aus diesem Grund reagierten sie auch recht unwirsch, wenn Menschen dieses Schweigen nicht verstanden. Als eines Tages Erzbischof Theophilus von Alexandrien (345–412) bei Abba Pambo vor der Hütte stand, versuchten die Schüler ihren Abba zu überreden, dem hohen Gast ein paar bedeutsame Worte mit auf den Weg zu geben. Schließlich war der Erzbischof nur deshalb gekommen; belangloses Geschwätz hörte er in seiner Diözese den ganzen lieben langen Tag. Lauschen wir dem Wüstendialog zwischen Schülern und Altvater:

> »Als die Brüder versammelt waren, sagten sie zu Abbas Pambo: ›Sag dem Papa [Erzbischof Theophilus) ein Wort, das (auch) uns nützt.‹ Da sagte ihnen der Alte: ›Wenn ich mit meinem Schweigen nichts nütze, dann nütze ich auch nicht mit meinem Wort.‹«
>
> APOPHTHEGMATA, 305

Das ist spirituelle Logik in Reinform. Oder Pambo wusste etwas, was die anderen nicht wussten, zum Beispiel, dass bei diesem Erzbischof ohnehin Hopfen und Malz verloren war, weil er wenig später, zu Beginn des 5. Jahrhunderts, mit seinen Horden in die Wüste einfallen würde, um alle, die verdächtigt wurden, mit der inzwischen verurteilten Theologie des Origenes (185–254) zu sympathisieren, zu vertreiben, ihre Kellien zu zerstören und die Schriften zu verbrennen.

Theologiegeschichtlich wurde es ab Mitte des 5. Jahrhunderts ohnehin ziemlich unruhig in den Kellien, denn die kirchlichen Spaltungen machten sich nun auch in der Wüste bemerkbar. Und noch eine Gefahr tauchte immer wieder recht unvermittelt am Wüstenhorizont auf: plündernde Beduinen. Um sich gegen sie zu schützen, rückte man ein Stückchen näher zusammen – und ehe man es sich versah, war man doch ein Kloster.

Sag an jedem Ort, an den du gehst: Das ist nicht meine Sache!

Es gab aber nicht nur die notorischen Plaudertaschen, die mit dem Verweilen im Kellion ihre Probleme hatten. Innerhalb der eremitischen Bewegung gab es auch Menschen, die ein gänzlich anderes Programm verfolgten, als man es in Ägypten tat. In Syrien und Mesopotamien fasste man den Begriff der *xeniteía*, des Fremdlingseins in der Welt, so konkret auf, dass man tatsächlich in Gebiete zog, wo man wirklich ein Fremder war, wo man die Sprache nicht verstand – es schweigt sich auch viel leichter, wenn man keinen zum Reden findet, weil man niemanden versteht –, wo es keine familiären Bande mehr gab, wo man in Notzeiten, etwa in Krankheitsfällen, keinen kannte, der einen versorgte, wo man keine Wertschätzung, sondern Verachtung erfuhr, wo man kurzum absolut mutterseelenallein war. Man muss bedenken: Wer damals nicht die Großfamilie im Rücken hatte oder ein paar Mönchskollegen im Kellion nebenan, der war im Krankheitsfall verloren!

Um sicherzustellen, dass man zeitlebens ein Fremder war, musste man dauernd den Ort wechseln, denn auch in der Fremde kann man bekanntlich Wurzeln schlagen. Dann ist die Fremde wieder Heimat und alles ist für die Katz! Auch Ehrungen können den Mönch einholen, weil er sich als besonderer Asket und Heiliger einen guten Ruf beim Volk erworben hat. Ehe er es sich versieht, ist er umschwärmt und bewundert – genau das Gegenteil davon, weshalb er Asket wurde.. Immer wieder treffen wir auf Väter, die auf der Flucht vor Ruhm und Ehre spurlos aus ihren Kellien verschwanden. Zu tief saß die Angst, dass derjenige, der die Bewunderung der Menschen für sein Tun genießt, seinen Lohn bereits erhalten hat und im Himmel leer ausgehen könnte (vgl. Mt 6,1f).

Die religiösen Vagabunden

Die Syrer lernten wir bereits als asketische Speerspitze der Christenheit kennen. Es überrascht deshalb nicht, dass wir gerade dort gehäuft auf Wandermönche und -nonnen treffen. Im Westen waren sie als *Gyrovagoi*, als Herumtreiber, verschrien. Man denke nur an Benedikt von Nursias Ordensregel, die das Leben der Benediktiner strukturierte: Dazu gehörte nicht nur das berühmte *Ora et labora!* – »Bete und arbeite«. Wichtig war ihm auch die *stabilitas loci*. Letzteres bedeutete nichts anderes, als dass sich der Mönch gefälligst nicht von seinem Kloster zu entfernen hatte. Ein Leben lang an einem Ort! Wer eine solche Regel aufstellt, hat offensichtlich wenig Freude am Wandermönchtum.

Wie wir den Vätersprüchen entnehmen können, waren die Wandermönche aber auch in Ägyptens Wüste keine Unbekannten, nur gingen die Meinungen über ihre Askeseform dort sehr auseinander. Während Männer wie Makarios der Große sie zu bewundern schienen, warnten andere wie Evagrius Ponticus eindringlich davor, wie die Vögel von Ort zu Ort zu flattern.

Ob man sich für einen festen Wohnsitz oder die Hauslosigkeit entscheidet, hängt vermutlich ein wenig mit dem persönlichen Naturell und der Lebensgewohnheit zusammen. Den Syrern als Händlernation, die bis nach Indien Geschäfte trieben, war das Unterwegssein vertraut. Die ägyptischen Fellachen kamen in der Regel ihr ganzes Leben nicht aus ihrem Dorf hinaus. Es ist naheliegend, dass für sie der Weg in die heimische Wüste eine gigantische Reise war, die dort ihren Abschluss fand.

Beide Lebensformen bieten Chancen, halten aber auch Risiken bereit. Die größte Gefahr des Lebens im Kellion war die zermürbende Routine des immer Gleichen und damit eine plötzlich auftauchende geistige Langeweile oder Antriebslosigkeit in Form des Dämons der *akedía*, der Trägheit. Aus diesem Grund betonten die Väter die Notwendigkeit zu arbeiten, denn der Dämon der *akedía* ist am besten durch Geduld und Arbeit zu besiegen. Bei den Wandervögeln bestand eher die Gefahr darin, vor sich selbst und der inneren Unruhe davonzulaufen. Eines ist aber auch ganz offensichtlich: Unkontrollierbarer als Wandermönche und -nonnen war keiner und Unkontrollierbarkeit war noch nie eine Sache, die die Kirche schätzte. Wandermönche und -nonnen waren radikale Individualisten.

Mit der *xeniteía*, dem Ideal der Fremdlingsschaft, war noch etwas anderes verbunden: die Ablehnung jeglichen Besitzes. Erinnern Sie sich noch an Antonius, der seinen ganzen Besitz verschenkte und wirklich nur mit seiner Fellachenkutte am Leib in die Wüste verschwand? Der Vorteil der Besitzlosigkeit liegt auf der Hand: Wer nichts hat, kann nichts verlieren und ist damit auf einen Schlag viele Sorgen los, die der Weltmensch hat. Für die Wandermönche und -nonnen war die *xeniteía* mit einer solchen radikalen Besitzlosigkeit verbunden, dass sie sogar die Handarbeit, wie sie im Kellion üblich war, verwarfen. Die Ablehnung der Handarbeit war ein wesentlicher Kritikpunkt, den die sesshaften Asketen gegen sie vorbrachten. Die Wandermönche und -nonnen ernährten sich von dem, was in der Wüste wuchs, oder was ihnen, wenn sie durch bewohnte Gebiete kamen, die Gläubigen gaben.

Bleib ein Fremdling, wo immer du bist

Auch wenn die Ägypter eher in ihren Zellen blieben, stand die *xeniteía* bei ihnen ebenso hoch im Kurs wie bei den Syrern, nur verstanden sie diese anders, eher innerlich:

> »Es geziemen dem Mönch diese drei Dinge: die Fremdlingschaft, die Armut und das Schweigen in Geduld.«
>
> APOPHTHEGMATA, 152

Fremdsein hing in ihren Augen weniger davon ab, in der realen Fremde zu leben, sondern sich in der Welt, in der man lebte, nicht einzurichten, auch wenn diese oft nur einen Tagesmarsch entfernt lag. Dass dieses Sich-nicht-Einrichten primär mit einer inneren Haltung verbunden war, zeigt ein Ausspruch von Abba Os. Bei ihm heißt es:

> »Wenn du fliehst, fliehe entweder die Menschen, oder verspotte die Welt und die Menschen, indem du dich zum Narren in vielen Dingen machst.«
>
> APOPHTHEGMATA, 947

Sich zum Narren zu machen bedeutet, sich selbst nicht ernst zu nehmen, und zwar in dem Sinn, dass man erkennt, dass all die Dinge, die man Tag für Tag tut, alle Überzeugungen und Anschauungen, die man hat und vertritt, angesichts der unendlichen Vielschichtigkeit der Wirklichkeit nur unzulänglich sind. Wer dies begreift, kann sich im positiven Sinn zum Narren machen, indem er weder an sich noch an der Welt hängt. Er ist der Welt abgestorben. Nichts anderes meint die *xeniteía*, das Fremdlingsein, das »Unbehaustsein«.

Der Welt zu verdeutlichen, dass man kein Interesse mehr an ihr hatte, war gar nicht immer so leicht. Denn die Welt hing zum Teil sehr intensiv an den Asketen. Also musste man der Welt dies zur Not mit kleinen Listen beibringen. Im Repertoire solcher Listen waren der Persönlichkeitswechsel und der Wahnsinn sehr beliebt. Stand ein ungebetener Gast vor dem Kellion und erkundigte sich nach dem betreffenden Vater, konnte er vom Kellionbewohner hören, der Abba sei nicht da, obwohl er gerade vor ihm stand. Abba Moses kletterte kurzerhand in die Palme vor seinem Haus und tat so, als wäre er ein Dattelpflücker, als unerwünschter Besuch auftauchte. Sich verrückt zu stellen war ebenso eine gern genutzte Taktik. Zugegebenermaßen ist es nicht immer leicht, zwischen dem vorgespielten Irrsinn und dem echten zu unterscheiden. Manch einer wird in der Wüstenhitze und der Monotonie der Einsamkeit tatsächlich seinen Verstand verloren haben.

Manchmal bedienten sich die Väter auch drastischer Worte, wenn es um die eigene Familie ging. Wie sich diese anhörten, überliefert uns Johannes Cassian in seinen *Collationes*, den »Unterredungen mit den Vätern«. Demnach kam zu Abba Apollo in einer stürmischen Nacht sein Bruder und bat ihn flehentlich, er möge ihm doch helfen, einen Ochsen, der im Schlamm stecken geblieben war, herauszuziehen. Als der Bruder immer dringlicher bat, erwiderte Abba Apollo ihm:

> »›Warum hast du denn nicht unseren jüngsten Bruder gefragt, der näher an deinem Weg war als ich?‹ Jener dachte nun, Apollo habe den Tod des Bruders vergessen und dass er schon längst begraben worden war; die übertriebene Enthaltsamkeit und ständige Einsamkeit hätten ihn um den Verstand gebracht. So antwortete er: ›Wie hätte ich aus dem

Grab zurückrufen können, er starb doch vor fünfzehn Jahren!‹ Abbas Apollo [sagte daraufhin]: ›Weißt du denn nicht, dass auch ich vor zwanzig Jahren für diese Welt gestorben bin? Ich kann dir aus dem Grab dieser Zelle in nichts helfen, was die Umstände dieses gegenwärtigen Lebens betrifft.‹«

CASSIAN, COLLATIONES, 24,9

Diese Haltung des Fremdlingseins wurde aber nicht nur gegenüber der Welt da draußen eingefordert, sondern auch von den Brüdern untereinander. So sagt Abba Agathon, als er befragt wurde, wie man mit den Brüdern in den Kellien zusammenleben solle:

»So wie am ersten Tag, wenn du zu ihnen kommst, so bewahre deine Fremdlingschaft alle Tage deines Lebens, damit du nicht zu vertraulich mit ihnen umgehst.«

APOPHTHEGMATA, 83

Ob Agathon schon mittels prophetischer Gabe sah, was sich da so alles in den folgenden Jahrzehnten an unheiligen Vertrautheiten in den Zellen abspielen sollte, sei dahingestellt, sicher ist, dass jede Form der Bindung an die Welt, und sei es an die Brüder, dem inneren Weg hinderlich ist. Der Wüstenvater ist ein Einzelkämpfer!

Flucht vor den Ämtern

Wenn schon der Kontakt mit den Brüdern als problematisch erachtet wurde, dann wundert es nicht, dass der Besuch eines Bischofs, der ja aus der Welt von draußen kam, keine Begeisterungsstürme entfachte. Als zum Beispiel Abba Arsenios Besuch von Erzbischof Theophilos erhielt und von diesem um ein Wort gebeten wurde, versicherte sich Arsenios zuerst, dass die ehrenwerte Gesellschaft diesem auch Folge leisten würde. Als das geklärt war, sprach er sein Wort, das dem Erzbischof aber sicher nicht gefiel:

> »Wo immer auch, wenn ihr davon hört, dass Arsenios sei, da nähert euch nicht!«
>
> APOPHTHEGMATA, 45

Richtig beliebt scheint der Erzbischof bei den Vätern nicht gewesen zu sein, wir erinnern uns daran, dass ihm Abba Pambo überhaupt kein Wort mit auf den Weg geben wollte.

Mancher Abba nahm einfach die Beine in die Hand, wenn der Klerus vor dem eigenen Kellion auftauchte, um ihn zum Priester zu weihen. Geweiht zu sein, das war für die meisten gleichbedeutend mit dem Ende ihres Einsiedlerdaseins. Von Abba Isaak wird berichtet, dass er in ein Feld floh, um sich zu verstecken, dort aber von einem weidenden Esel enttarnt wurde, den er, ganz Mönch, als Fingerzeig Gottes verstand. Er fügte sich in sein Schicksal:

> »Am Morgen suchte man den Esel und fand auch Abbas Isaak. Sie staunten. Sie wollten ihn binden, aber er ließ es nicht zu und sprach: ›Ich fliehe nicht mehr, denn es ist der Wille Gottes, und wovor fliehe, dahin komme ich.‹«
>
> APOPHTHEGMATA, 372

Interessant an dieser Überlieferung ist, dass darauf verwiesen wird, dass Abba Isaak sich freiwillig ergab und sie ihn nicht mehr binden mussten. Das lässt auf wenig zimperliche Methoden schließen, wenn man einen Abba partout der Weihe für würdig befand. Wirkungsvoller, wenn auch etwas radikaler in der Wahl ihrer Methode, entzogen sich drei heilige Brüder der Nitris der Bischofsweihe. Von ihnen wird berichtet, sie hätten sich kurzerhand die Ohren abgeschnitten, um der Weihe zu entgehen, denn die Selbstverstümmelung war ein Ausschlussgrund von der Weihe (vgl. Rufinus, Historia monachorum, 20,14).

Der innere Weg zur Ruhe

Unabhängig davon, ob der Mönch auf Dauerwanderschaft war oder sein ganzes Leben im Kellion ausharrte, Ziel des Lebens war das Erlangen der inneren Ruhe, *hesychía* genannt. Johannes Cassian (360-430/435), der mehrere Jahre bei den Vätern in Ägyptens Wüste gelebt hat, der Evagrius Ponticus zu seinen Lehrern zählte und dem der lateinischsprachige Westen es verdankte, näher mit den spirituellen Erfahrungen des Ostens in Kontakt zu kommen, übersetzte *hesychía* mit »Herzensreinheit«. Sie galt als unverzichtbare Bedingung für die Gotterfahrung. »Herzensreinheit« zielt genau auf jenen Aspekt der inneren Ruhe, der in Gott selbst gründet. Der Weg zur inneren Ruhe oder Herzensreinheit ist der Weg des Loslassens. Alle Egofixierungen wie Willen, Gefühle und Gedanken, sollen losgelassen werden, auf dass Gott im Herzen des Menschen seinen Wohnraum finden kann.

Das Problem der inneren Ruhe ist nur, dass sie so schwer zu erreichen und zu erfahren ist. Kaum glaubt man, dass die Ruhe den Geist durchströmt, schon tauchen Gedanken, Bilder, Probleme, Erinnerungen, Emotionen, eben alles, was so in uns schlummert, auf und vertreiben die Ruhe. Diese Erfahrung teilten bereits die Wüstenväter mit uns modernen Menschen. Und sie wussten: Je mehr äußere Reize auf uns einprasseln, desto schwerer ist das Unternehmen *hesychía*, innere Ruhe, zu verwirklichen.

Der Rückzug in die Wüste war der erste Schritt, um diesen Reizen zu entgehen. Der zweite Schritt war die radikale Konsequenz des ersten: komplette Kontaktsperre mit allen da draußen in der weiten Welt. Mit wirklich allen, auch der eigenen Familie. Wie radikal diese Kontaktsperre bisweilen verfolgt wurde, geht aus dem folgenden Bericht des Johannes Cassian deutlich hervor:

»Für nicht minder notwendig halte ich auch die Erwähnung folgender Tat eines um die Reinheit seines Herzens bemühten und auf die göttliche Betrachtung eifrig bedachten Bruders. Als ihm nach 15 Jahren von seinen Eltern und vielen Freunden aus der Provinz Pontus mehrere Briefe gebracht worden waren, nahm er das große Paket Briefe, besann sich eine Weile und sprach endlich: ›Welche Gedanken wird mir das Lesen dieser Briefe verursachen? Entweder werden sie zu eitler Freude oder zu nutzloser Betrübnis mich hinreißen. Wie viele Tage werden sie, durch die Erinnerung an jene, die sie geschrieben haben, mein Herz von der erstrebten Beschaulichkeit abziehen! Nach wie langer Zeit werde ich diese Verwirrung, die sich meines Geistes dann bemächtigt, wieder zu regeln vermögen, welche Mühe wird die Wiederherstellung dieses ruhigen Zustandes erfordern, wenn ich einmal durch die Gemütsbewegung, welche das Lesen der Briefe in mir hervorruft, aufgeregt bin, wenn ich die Reden und Mienen derer an meinem Geiste vorüberziehen lasse, die ich so lange verlassen habe, und dadurch anfange, sie im Geiste zu besuchen, bei ihnen zu weilen! Sie dem Leibe nach verlassen zu haben, wird in der Tat nichts nützen, wenn ich sie im Geiste anzublicken beginne und die Erinnerungen, die jeder Mönch wie ein Toter aufgegeben hat, wieder aufleben und in meinem Herzen Platz greifen lasse.‹ Nachdem er dies erwogen hatte, fasste er den Entschluss, nicht nur keinen der Briefe zu öffnen, sondern nicht einmal das Päckchen näher anzusehen, damit er nicht die Namen derer, die ihm geschrieben hatten, durchzugehen oder ihres Aussehens sich zu erinnern genötigt sei, was ihn von der himmlischen Richtung seines Geistes abziehen würde. Geschlossen, wie er es bekommen hatte, gab er daher das Päckchen dem Feuer zum Verbrennen hin mit den Worten: ›Fort mit euch, ihr Gedanken an die Heimat, verbrennet ebenso, damit ihr fernerhin nicht versuchet, mich dahin zurückzurufen, von wo ich geflohen bin.‹«

CASSIAN, INSTITUTIONES, V,32

Alle, die glauben, das sei eine recht unchristliche Haltung, sogar die eigenen Eltern so zu ignorieren, der sei an Jesu Wort von der Nachfolge erinnert: »Und jeder, der um meines Namens willen Häuser oder Brüder, Schwestern, Vater, Mutter, Kinder oder Äcker verlassen hat, wird dafür das Hundertfache erhalten und das ewige Leben gewinnen« (Mt 19,29). Für die Mönche war diese Haltung notwendiger Teil ihres asketischen Programmes, sonst hätten sie gleich bleiben können, woher sie kamen. Wenn heute der Grundgedanke der Spiritualität in der Integration des weltlichen Alltags in die Spiritualität gesehen wird, dann kann man leicht erkennen, welch hoher Anspruch das ist. Die äußeren Reize, die den Geist in alle Richtungen ziehen und zerren, sind in den letzten 1700 Jahren definitiv nicht weniger geworden.

Bete ohne Unterlass

Mit welchen Mitteln versuchten die Väter nun den Geist zu beruhigen, nachdem die äußeren Rahmenbedingungen hergestellt waren? Die zentrale Methode war das ununterbrochene Gebet. Man versuchte tatsächlich, den ganzen Tag zu beten, und zwar auch während der Arbeit, die ja keine intellektuelle, sondern eine manuelle Tätigkeit war. In den Kellien Ägyptens verband man die immerwährende Gebetspraxis mit der täglichen Arbeit, die als unverzichtbarer Bestandteil des mönchischen Lebens galt. Wie wichtig die Einheit von Arbeit und Gebet bei den Ägyptern war, verdeutlicht die folgende Geschichte:

> Ein Bruder besuchte den Abbas Silouanos auf dem Berg Sina. Und als er die Brüder arbeiten sah, sagte er zum Alten: ›Müht euch nicht um die vergängliche Speise (Joh 6,27). Maria [die Jesus zuhörte und nicht Marta, die sich um die Hausarbeit kümmerte] hat den guten Teil erwählt (Lk 10,12).‹ Es sagte der Alte zu seinem Schüler: ›Zacharias, gib dem Bruder ein Buch und bringen ihn in ein [leeres] Kellion, das nichts hat.‹ Als nun die neunte Stunde kam, blickte der zur Tür, ob man nach ihm schickte, ihm zum Essen zu rufen. Als ihn aber niemand rief, stand er auf, ging zum Alten und sagte: ›Haben die Brüder nicht gegessen, Abba?‹ Es sagte zu ihm der Alte: ›Ja.‹ Der aber sagte: ›Warum habt ihr mich nicht gerufen?‹ Es sagte ihm der Alte: ›Weil du ein geistlicher Mensch bist, und diese Nahrung nicht nötig hast. Wir sind fleischlich und wollen essen. Darum arbeiten wir auch. Du aber hast den guten Teil erwählt, liest den ganzen Tag und willst die fleischliche Speise nicht essen.‹«
>
> APOPHTHEGMATA, 860

Hier wurde jemand mit seinen eigenen Waffen geschlagen. Und da sage noch einer, die Wüstenväter wären humorlose Gestalten gewesen.

Für die ägyptischen Väter widersprach die Aufforderung zum dauernden Gebet nicht der täglichen Arbeit. Entscheidend war die innere Gestimmtheit, in der die Arbeit verrichtet wurde. In analoger Weise praktizierten sie genau das, was in der modernen Spiritualität immer wieder angemahnt wird: ein Leben in Achtsamkeit, das alle Bereiche des Daseins, etwa die Hausarbeit, mit einschließt. Spiritualität soll nicht nur zu ausgewählten Zeiten praktiziert werden, sondern sich in jedem Lebensvollzug manifestieren. Warum also nicht mit innerer Achtsamkeit staubsaugen und aus der Hausarbeit auf diese Weise eine spirituelle Praxis machen? Binsen einweichen und Seile drehen, die Hauptarbeit der Wüstenmönche, war auch nicht viel aufregender!

Durch das immerwährende Gebet versuchte der Mönch, in jeder Lebenssituation innerlich auf Gott ausgerichtet zu sein. Manche nahmen die Aufforderung des immerwährenden Gebets so wörtlich, dass sie sich mit dem physischen Problem konfrontiert sahen: Was tun, wenn einen der Schlaf übermannt? Von Abba Lukios wird eine geniale Lösung überliefert. Er stellte einfach einen anderen ein, der für ihn das Beten übernahm, wenn er schlief (vgl. Apophthegmata, 446). Ein anderes Problem, das jeder kennt, der meditiert, ist allerdings etwas schwerer zu lösen: die nachlassende Aufmerksamkeit. Körperlich sitzt man auf seinem Kissen und glaubt zu meditieren, aber in Wahrheit träumt man vor sich hin. Evagrius Ponticus bringt es auf den Punkt, wenn er schreibt:

> »Auf den Knien liegend, täuschen wir die, die uns sehen, während wir uns in Gedanken das vorstellen, was uns beliebt: Dabei unterhalten wir uns angenehm mit Freunden, beschimpfen im Zorn unsre Feinde, ergötzen uns in der Gesellschaft, die beim Gelage ist; wir pflanzen, reisen, treiben Handel; wir streben mit Macht nach dem Priestertum, gehen gedanklich

> noch viele andere Dinge durch und befinden uns jedes Mal in der Verfassung, wo die Leidenschaft weiß, wie sie unser Herz ansprechen kann.«
>
> DE VOLUNTARIA PAUPERTATE, KAP. 22–23,
> ZIT. NACH ANTOINE GUILLAUMONT, S. 113

Dagegen kann unter Umständen eine andere Gebetsmethode helfen, nämlich keine langen Gebete zu sprechen, sondern ein ganz kurzes Gebet häufig zu wiederholen. In Indien ist diese Methode als Mantra-Meditation bekannt. Das Mantra der Wüstenväter wurde das Jesusgebet. Es bestand aus der Anrufung Jesu, später noch verbunden mit dem kurzen Spruch aus Lukas 18,13: »Herr, sei mir Sünder gnädig!« Der Name Jesu wurde beim Sprechen mit dem Ein- und Ausatmen verbunden. Sein permanentes Wiederholen wurde mit einer süßen Nahrung, die den Menschen erquickt, verglichen.

Das Herzensgebet

Daraus entwickelte sich dann das Jesus- oder Herzensgebet der Mönche vom Berg Athos im 13. Jahrhundert. Dort spielt das richtige Sitzen sowie eine Atemübung in Verbindung mit dem Herzensgebet eine wichtige Rolle. Die Verknüpfung von Atemtechnik und Gebetsanrufung geht auf Gregor Sinaiticus (+ 1346) zurück, der viel umherreiste und vermutlich während dieser Reisen auf islamische Sufis traf, von denen er die Gebetstechnik des Gottesnamensagens in Zusammenhang mit einer bestimmten Atemtechnik übernahm.

Das Herzensgebet beginnt mit einer einfachen Anrufung Jesu, die lautet: »Herr Jesus Christus, Sohn Gottes, erbarme dich meiner.« Der Ort des Gebetes ist zunächst die dunkle Zelle, da sie am wenigsten Ablenkung bietet. Der Beter soll aufrecht sitzen, Kopf und Schulter gesenkt haben und auf sein Herz blicken.

> »Du aber, wenn du in deiner stillen Zelle sitzt und deinen Geist sammeln willst – ziehe diesen durch die Nase ein, durch die der Atem zum Herzen kommt, treibe ihn an, und dränge ihn ins Herz hinunter, zusammen mit der eingeatmeten Luft.«
>
> KALLISTOS UND IGNATIOS, CENTURIE, KAP. 19

Beim Einatmen wird also kühle Luft eingezogen und mit ihr wird die Formel »Herr Jesus Christus, Sohn Gottes« ins Herz, den Sitz der Seele, hinabgezogen. Beim zweiten Teil des Satzes – »erbarme dich meiner« – wird der warme Atem wieder nach oben geholt und ausgeatmet. Währenddessen sitzt der Mönch mit gesenktem Blick und fixiert sein Bauchzentrum. Man hat diese Technik deshalb später despektierlich als Nabelschau bezeichnet. Der Vorwurf an diejenigen, die diese Technik praktizierten, lautete, dass sie völlig auf sich selbst zentriert seien.

Das Herzensgebet war aber nicht nur für Mönche gedacht, sondern auch Laien konnten sich in diese Gebetspraxis einweihen lassen. Um das Gebet spirituell sinnvoll ausüben zu können, hielt man zwei Hilfsmittel für sinnvoll. Das erste war ein eher innerliches, nämlich die Führung durch den geistigen Vater, den Seelenführer. Dieser hatte die Aufgabe, dem Übenden auf seinem Weg bei Problemen mit Rat und Tat zur Seite zu stehen. Daneben vertraute man noch auf ein äußeres Hilfsmittel, die Gebetsschnur. Sie war als Zählhilfe eine Entlastung, damit sich der Geist ausschließlich auf das Gebet konzentrieren konnte.

Richtet nicht, damit ihr nicht gerichtet werdet

Ein wichtiger Aspekt der geistig-seelischen Hygienearbeit, zu dem sich die Wüstenväter verpflichtet sahen, war das Abstandnehmen vom Verurteilen. Ein immer wieder zu hörender Rat auf die Frage, was ein Mönch zu tun oder zu lassen habe, war der folgende:

> »Tue niemandem Böses und verurteile niemanden!
> Das halte ein, und du wirst gerettet.«
>
> APOPHTHEGMATA, 481

Interessant an dieser Selbstverpflichtung zur Urteilslosigkeit war nicht nur der Umstand, dass die Urteilslosigkeit als Weg zum Heil beschrieben wird, sondern dass diese tatsächlich als spirituelles Programm von einzelnen Vätern in einer Radikalität gepflegt wurde, wie wir sie in der Geschichte des Christentums kaum kennen.

Biblisch konnten sich die Väter auf die Bergpredigt berufen, wo es bei Matthäus 7,1 heißt: »Richtet nicht, damit ihr nicht gerichtet werdet«, aber wie so oft im Christentum gehen auch hier Aufforderung und Praxis weit auseinander. Auch in der Tradition der Wüstenväter gab es nicht wenige Hitzköpfe, die ihre Weltsicht zur einzig verbindlichen erklärten und mit recht rohen Methoden gegen all jene vorgingen, die diese nicht teilten. Besonders rabiat trat hier der im Volk höchst verehrte Abt Schenute von Atripe auf, der mitunter als bedeutendster Mönchsvater nach Antonius und Pachomius bezeichnet wird, der aber theologisch nicht nur alle mit Schmähungen überzog, die anders dachten als er, sondern der mit seinen Mönchen und den Volksmassen zu Beginn des 5. Jahrhunderts die heidnischen Tempel plünderte und zerstörte.

Gib auf dich acht

Angesichts von so viel Unduldsamkeit anderen Lebensvollzügen gegenüber erstaunt es dann schon, wenn wir in den Vätersprüchen Folgendes lesen können:

> »Abbas Ammonas kam einmal an einen Ort, um zu essen. Und dort war einer, der einen schlechten Ruf hatte. Und es geschah, dass eine Frau kam und in das Kellion des Bruders hineinging, der einen schrechten Ruf hatte. Die Bewohner dieses Ortes merkten dies und waren erregt. Sie taten sich zusammen, um ihn aus dem Kellion zu verjagen. Und da sie wussten, dass Ammonas der Bischof für diesen Ort war kamen sie und baten ihn, dass er mit ihnen komme. Als der Bruder [dies] merkte, nahm er die Frau und verbarg sie in einern großen Fass. Als die Menge angekommen war, sah Ammonas das Geschehene, aber durch Gott durchschaute er die Sache. Er ging hinein [in das Kellion], setzte sich auf das Fass und befahl, das Kellion zu durchsuchen. Wie sie nun herumtasteten und die Frau nicht fanden, sagte Abbas Ammonas: ›Was ist das? Aber Gott verzeiht euch.‹ Und er betete und ließ alle weggehen. Dann fasste er die Hand des Bruders und sagte zu ihm: ›Hüte dich [Gib auf dich acht], Bruder!‹ Als er das gesagt hatte, ging er weg.«
>
> APOPHTHEGMATA, 122

An diesem Väterspruch ist so ziemlich alles ungewöhnlich: zunächst ein Altvater, der Bischof ist. Das zeigt, dass wir uns nicht mehr in den Zeiten der ersten beiden Wüstenvätergenerationen befinden. Aber darüber hinaus wird dieser Bischof-Altvater in einer Art und Weise gezeichnet, dass es dem modernen Leser fast schwummrig wird. Der Bischof selbst wird zum Verdecker der moralisch höchst anrüchigen Tat. Als solche erscheint sie zumindest den Dorfbewohnern. Die Dorfbewohner wiederum sehen die Anwesenheit des Bischofs als willkommene Gelegenheit, um den Sündenpfuhl im Kellion nebenan trockenzulegen und für Zucht und Ordnung zu sorgen. Und was tut unser Bischof? Statt das liederliche Paar mit Schimpf und Schande aus dem Kellion hinauszuwerfen, bedeckt er die Schande im wörtlichen Sinn. Und obwohl er längstens wusste, was da lief, verhinderte er das Öffentlichwerden ihres lästerlichen Tuns.

Böse Zungen werden jetzt vielleicht sagen: Wahrscheinlich hatte er selbst Dreck am Stecken! Doch nehmen wir einmal an, dass das nicht die Motivation für sein Tun war, sondern etwas ganz anderes. Dann erstaunt aber immer noch die Tatsache, dass er es nicht dabei beließ, dafür zu sorgen, dass die beiden nicht von der Menge verurteilt wurden, sondern dass er die Menge der Verleumdung eines Bruders bezichtigte, obwohl er wusste, dass deren Anklage objektiv stimmte. Und auch sein Umgang mit dem Bruder, nachdem die Menge wieder weg war, erstaunt. Spätestens jetzt hätte man ja erwarten können, dass er dem Bruder einmal richtig den Kopf wäscht. Doch alles, was Ammonas ihm als Ermahnung mit auf den Weg gibt, ist der Rat: »Gib auf dich acht!«, mit anderen Worten: Achte auf das, was du in Zukunft tust!

Wieso weigerte sich Altvater Ammonas, über den Bruder und das, was er getan hatte, zu urteilen? Nebenbei bemerkt, er befand sich damit in guter Gesellschaft, denn auch vom großen Altvater Makarios wurde berichtet, er habe die Schwächen, die er bei anderen sah und über die er hörte, so bedeckt gehalten, wie Gott die Welt schützend bedeckt habe (vgl. Apophthegmata, 485).

Wer ohne Sünde ist, werfe den ersten Stein

Bei den Vätern treffen wir immer wieder auf die Überzeugung, selbst noch nicht vollkommen zu sein. Aus diesem Grund verbietet sich jede Kritik am Verhalten eines anderen. Von Altvater Bisarion wird Folgendes überliefert:

> »Ein Bruder sündigte und wurde vom Priester aus der Kirche hinausgewiesen. Abbas Bisarion stand auf und ging mit ihm hinaus. Er sprach: ›Auch ich bin ein Sünder.‹«
>
> APOPHTHEGMATA, 162

Geschichten wie diese lassen sich bei den Vätern viele finden. Sie zeigen, dass dort, wo die Auseinandersetzung mit der eigenen Person den Blick auf die eigenen Schwächen zulässt, der Mensch im Umgang mit seinem Nächsten etwas nachsichtiger wird:

> »[Abbas Moses] sagte wieder: ›Wenn ein Mensch es nicht in seinem Herzen hat, dass er ein Sünder ist, wird Gott ihn nicht erhören.‹ Und es sagte der Bruder: ›Was ist das: Er hat es im Herzen, dass er Sünder ist?‹ Und es sagte der Alte: ›Wenn jemand seine (eigenen) Sünden trägt und nicht auf die seines Nächsten blickt.«
>
> APOPHTHEGMATA, 510

Aus der Psychologie wissen wir, dass Menschen an anderen besonders intensiv das wahrnehmen und verfolgen, was Teil ihres eigenen Wesens ist, dessen sie sich aber nicht bewusst sind, weil es aus Angst, Scham etc. verdrängt wurde. Im anderen wird dieser Teil, sobald man ihn dort erkennt, vehement bekämpft. Dessen waren sich die Väter als gute Psychologen bewusst. Aus diesem Grund legten sie so viel Aufmerksamkeit auf das Wahrnehmen der eigenen Schwächen. Sehr aufschlussreich ist diesbezüglich das Gespräch zwischen Abba Moses und einem seiner Schüler:

> »Wenn wir es zulassen, auf unsere (eigenen) Sünden zu sehen, sehen wir nicht die Sünden des Nächsten. Denn es ist für den Menschen eine Torheit, bei sich einen Toten zu haben, ihn (liegen) zu lassen und hinzugehen, den (Toten) des Nächsten zu beweinen. Seinem Nächsten abzusterben, das ist, seine (eigenen) Sünden zu tragen und sich um keinen Menschen zu sorgen, sei dieser gut oder schlecht. Tu keinem Menschen etwas Böses. Denke nichts Schlechtes gegen jemanden in deinem Herzen. Verachte keinen, der Böses tut. Folge aber nicht dem [d. h. sei nicht mit dem einverstanden], der seinem Nächsten Böses antut. Freue dich auch nicht mit dem, der seinem Nächsten Böses antut. Verleumde niemanden, sondern sage: ›Gott kennt jeden.‹ Stimme keinem Verleumder zu und freue dich nicht über dessen Verleumdung. Jedoch hasse den nicht, der seinen Nächsten verleumdet. Das (nämlich) bedeutet es: Richte nicht! Habe keine Feindschaft mit irgendeinem Menschen und behalte keine Feindseligkeit in deinem Herzen. Hasse nicht den, der den Nächsten anfeindet. Denn das ist der Friede. Tröste dich damit: Nur

kurze Zeit ist die Mühe, ewig aber die Ruhe, durch die Gnade des Wortes Gottes. Amen.«

APOPHTHEGMATA, 512

Abba Moses ermahnt seinen Schüler nicht nur, den Nächsten nicht zu verurteilen, sondern darüber hinaus weist er seinen Schüler darauf hin, er solle denjenigen nicht verurteilen, der das ganz anders handhabt, der seinem Nächsten gram ist und ihn sogar hasst.

Was Abba Moses hier mit im Blick hat, ist die Gefahr der Selbstgerechtigkeit, die sich ganz schnell einschleichen kann, wenn man in einer Sache einem anderen voraus ist. Die Schwächen der anderen haben nicht Gegenstand unseres Denkens und Urteilens zu sein, denn wir können sie weder ändern noch wissen wir, weshalb sich der andere so verhält. Was wir ändern können, sind unsere eigenen Schwächen, und mit dieser Aufgabe sind wir recht gut beschäftigt.

Urteile beunruhigen die Seele

Vielleicht hatte aber Bischof Ammonas' Weigerung, den sündigen Bruder zu verurteilen, noch einen weiteren Grund. Vielleicht wusste er aufgrund seiner spirituellen Praxis etwas, was uns, aber auch seinen Zeitgenossen, die nicht so sehr auf ihr inneres Seelenleben fokussiert sind, verborgen ist: der Zusammenhang zwischen dem Prozess des Urteilens und dem der emotionalen inneren Beunruhigung sowie der emotionalen Berührung durch ein Urteil und deren Auswirkungen auf die eigenen Gedanken.

Interessant ist dazu ein Spruch, der von Altvater Agathon überliefert wurde. Dort heißt es:

»Derselbe sah einmal eine (unrechte) Sache, und sein Gedanke wollte urteilen. Da sagte er zu sich: ›Agathon, mach du das nicht!‹ Und dieser sein Gedanke kam zur Ruhe.«

APOPHTHEGMATA, 100

Der emotionale Prozess der Urteilsbildung führt auf der gedanklichen Ebene zur Beunruhigung, weil gedankliche und emotionale Bewertungsstrategien miteinander verbunden sind. Oftmals sind es emotionale Prägungen, die ganz unbewusst unsere Wirklichkeitswahrnehmung und damit unser Urteil über diese beeinflussen. Wir hängen an bestimmten Glaubenssätzen, derer wir uns aber nicht bewusst sind. Wenn wir beispielsweise eher ängstliche Menschen sind, dann bestimmt das Gefühl der Angst meist unsere persönlichen Glaubenssätze. Eine dieser Überzeugungen könnte dann lauten: »Traue niemandem!« Wenn uns diese Maxime beherrscht, werden wir Ereignisse und Personen schnell unter dem Blickwinkel des Nicht-trauen-Könnens bewerten und alles, was wir erleben, auch dahingehend interpretieren, dass unsere Grundüberzeugung bestätigt wird. Das ursprüngliche emotionale Erleben wird letztlich durch den Glaubenssatz, der aus dem emotionalen Erleben abgeleitet wurde, bestätigt. Der Teufelskreis ist nun perfekt. Erst wenn wir die Wechselwirkung zwischen beiden Ebenen, dem Denken und den Emotionen, verstehen, können wir aus diesem Teufelskreislauf ausbrechen.

Es sind aber nicht nur die ganz tief liegenden Emotionen, die unser Denken prägen. Die Beeinflussung funktioniert auch auf einer ganz »trivialen« Ebene. Sobald wir etwas wollen oder nicht wollen, sobald wir etwas besser oder schlechter, schöner oder hässlicher finden, tritt eine Beunruhigung in uns auf, weil es zwischen dem Ist- und Sollzustand eine Differenz gibt.

Die innere Ruhe des Geistes, der Seele und des Bewusstseins ist für den Mönch das Entscheidende seiner Existenzform. Deshalb tut er alles, um das, was Beunruhigung schafft, loszulassen.

Wer bin ich denn?

Ein weiterer Aspekt, weshalb wir uns das Urteilen verkneifen sollten, liegt in der Erkenntnis, dass wir unserem Urteil über die Dinge oder die Welt nicht wirklich trauen können, da wir die Wirklichkeit immer nur unter einem bestimmten Blickwinkel wahrnehmen.

Normalerweise sind wir uns dessen nicht bewusst. Wir halten unsere Sicht der Wirklichkeit gern für die einzig mögliche und verbindliche. Erst wenn wir unser eigenes Denken und Urteilen kritisch betrachten, kommen wir zu der Einsicht, dass es keine für alle Zeiten verbindlichen Urteile gibt, weil jedes Urteil immer auch von unserer persönlichen Weltsicht mitbestimmt ist.

Es ist sicherlich kein Zufall, dass der Altvater Joseph dem Altvater Poimen auf dessen Bitte: »Sage mir, wie ich Mönch werde!«, antwortete:

> »Wenn du Ruhe finden willst, hier und dort, sage dir bei jeder Angelegenheit: ›Ich, wer bin ich?‹ und verurteile niemanden.«
>
> APOPHTHEGMATA, 385

Selbstergründung ist ein wesentlicher Aspekt auf diesem inneren Weg. Interessant an dieser Aufforderung, zu ergründen, wer man selbst eigentlich ist, ist die darin wurzelnde doppelte

Bedeutung. Zum einen impliziert die Frage: »Ich – wer bin ich?« die nicht ausgesprochene Überzeugung: »Wer bin ich, dass es mir zusteht, über meinen Nächsten zu urteilen?« Der zweite Aspekt zielt auf den Bereich der Selbsterkenntnis. Sich selbst kennenzulernen, mit all seinen Abgründen und Schattenseiten, ist unabdingbar, um auf dem spirituellen Weg fortzuschreiten. Einer der großen indischen Lehrer des 20. Jahrhunderts, Ramana Maharshi, gab seinen Schülern nur eine Frage mit auf den Weg, und die lautete: »Who am I?« – »Wer bin ich?« Ramanas Frage gründete in der Überzeugung: Wenn der Mensch sein kleines Ego etwas gründlicher unter die Lupe nimmt, muss er erkennen, dass das Ich eigentlich eine Fiktion ist. Im Begreifen dieser Tatsache eröffnet sich ihm die eine, ungeteilte Wirklichkeit. Ob Abba Joseph diese Seite der Ichergründung im Blick hatte, muss offenbleiben. Fest steht aber: Wenn wir erkennen, dass wir mit unseren Urteilen niemals der Wirklichkeit gerecht werden, dann bleibt eigentlich nur eine einzige Möglichkeit: Wir müssen uns des Urteilens enthalten. Genau das taten Abba Ammonas, Agathon, Joseph und viele andere. Sie pflegten damit vermutlich unbewusst eine sehr philosophische Lebensweise, eine, wie sie besonders von dem griechischen Philosophen Pyrrhon von Elis im 3. Jahrhundert vor Christus gelehrt wurde. Pyrrhon vertrat die Ansicht, dass unser Denken nicht ausreicht, um das Wesen der Dinge vollständig zu erfassen. Jedes Urteil, das wir fällen, bleibt ungenügend, da wir nie alle Aspekte kennen können. Aus diesem Grund gibt es nur eine sinnvolle Haltung der Welt gegenüber: Urteilsenthaltung. Diese Urteilsenthaltung, die Pyrrhon *epoché* nannte, führt zur inneren Ruhe, der *ataraxía*.

Diese innere Ruhe war ein wesentliches Ziel der Spiritualität der Wüstenväter, auch wenn sie diese nicht so sehr philosophisch begründeten. Ihre Begründung ging in eine etwas andere Richtung. Sie verwiesen auf den Willen Gottes. Gott selbst will nicht, dass über andere geurteilt wird. Dazu ein anderes Beispiel:

> »Einmal ging Abbas Isaak in ein Koinobion und er sah einen Bruder, der sich verfehlt hatte. Da verurteilte er ihn. Als er aber (wieder) in die Wüste hinausging, kam ein Engel des Herrn. Der stand vor der Tür seines Kellions und sprach: ›Ich lasse dich nicht hineingehen.‹ Der aber bat ihn und sprach: ›Was ist die Ursache?‹ Und der Engel antwortete und sprach: ›Gott sandte mich und sprach: Sage ihm: Wohin befiehlst du, dass ich den Bruder, der sich verfehlt hat und den du verurteilt hast, werfe?‹ Und sofort warf sich der zu Boden und sagte: ›Ich habe gesündigt, verzeihe mir.‹ Da sprach der Engel: ›Steh auf, Gott verzeiht dir. Hüte dich künftig, jemanden zu verurteilen, bevor Gott ihn gerichtet hat.‹«
>
> APOPHTHEGMATA, 422

Was die Väter hier in einer äußersten Radikalität pflegten, war die Zurücknahme und das Infragestellen der eigenen Bewertungskriterien. Bereits eine einfache Belehrung verstand mancher Altvater daher schon als Anklage des Nächsten, da man seine eigene Meinung zum Maßstab für alle anderen macht. So heißt es bei Abba Poimen:

> »Den Nächsten zu belehren
> ist das Gleiche wie ihn anzuklagen.«
>
> APOPHTHEGMATA, 731

Besonders deutlich wird diese Haltung im folgenden Apophthegma. Auch hier geht es wieder um Unzucht. Der Bruder, der sie sieht, enthält sich seines Urteils mit der folgenden interessanten Begründung:

> »Wenn Gott, der sie gebildet hat und sieht, sie nicht verbrennt, wer bin ich, dass ich sie zurechtweise?«
>
> APOPHTHEGMATA, 416

Es geht nicht um einen ethischen Indifferentismus, um eine Haltung, wonach alles egal ist, sondern darum, die eigenen Bewertungskriterien nicht zu verabsolutieren.

Sag mir, was du siehst, und ich sage dir, wer du bist

Ein in allen spirituellen Traditionen auftauchendes Phänomen sind Visionen sowie die menschliche Sehnsucht nach ihnen. Es ist die Sehnsucht nach dem Besonderen und dem Auserwähltsein. In der modernen spirituellen Szene stellt sich dies vielleicht etwas anders dar: Heute sind Visionen, sofern sich die Szene nicht im »Engelsumfeld« bewegt, nicht mehr so groß in Mode. Dort geht es mehr um die reine Erfahrung, und zwar die ganz besonders reine Erfahrung, die viel tiefer ist als die aller anderen; so abgründig tief, dass sie den kosmischen Urgrund umschlingt. Aber die Fragen, was eine solche Erleuchtung bedeutet, sind durchaus vergleichbar.

Wenn wir in die Wüste gehen, sticht im Umgang der Väter mit Visionen etwas ins Auge. Keiner will sie eigentlich haben und wenn sie kommen, wird ihnen misstraut. Die Überzeugung war nämlich die, dass es, um Visionen zu bekommen, ein reines Herz braucht. Aber wer kann von sich schon sagen, sein Herz sei rein. Die askesegestählten Athleten Christi wussten einfach: Irgendwo im tiefsten Herzensgrund, da gibt es vermutlich noch ein paar nicht erkannte Leidenschaftskrümel, welche die Dämonen anlocken wie ein offenes Honigglas einen Schwarm Wespen. Als Urheber von Visionen galt ihnen eher der Teufel denn Gott:

> »Einst saß Abbas Zacharias in der Sketis, als ihn eine Schau überkam. Da stand er auf und erzählte es seinem Abbas Karion. Der Alte jedoch, der ein Asket war, verstand sich nicht so genau darauf. Er stand auf, schlug ihn und sagte: ›Das ist

von den Dämonen.‹ Aber der Gedanke dauerte an [d. h. diese Vision beschäftigte weiterhin den Zacharias]. Da stand er auf, ging nachts zu Abbas Poimen und erzählte ihm die Sache, und wie diese in seinem) Inneren brenne. Und der Alte sah, dass es von Gott kam, und sprach zu ihm: ›Geh zu dem betreffenden Alten, und was er dir auch sagt, das tue.‹ Und er ging zu diesem Alten. Und bevor er dem noch etwas erklärte, kam der ihm zuvor und sagte ihm alles, auch dass diese Schau von Gott sei [und fügte hinzu:] ›Doch geh, und unterwirf dich deinem Vater.‹«

APOPHTHEGMATA, 246

Nebenbei bemerkt zeigt diese Stelle noch etwas, nämlich dass selbst die erfahrenen Väter in ihrer Einschätzung danebenliegen konnten. Keiner ist perfekt!

Wieso misstrauten die Väter den Visionen so sehr? In ihnen erblickten sie den Versuch des Teufels, den Mönch von der weiteren spirituellen Praxis abzuhalten, weil durch die Vision suggeriert wird, der Mensch sei schon am Ziel seiner Anstrengung, da Gott sich ihm offenbart. Visionen erscheinen schnell als die Zuckerstücke auf dem entbehrungsreichen Weg, als eine verdiente Auszeichnung dafür, alles bislang richtig gemacht zu haben. Doch genau gegen diese Sicht wehrten sich die Väter, da sie erkannten, dass in dieser Haltung eine große Gefahr gründet: Die Gefahr, den Weg und das Ziel zu verwechseln.

Evagrius, der große Wüstenpsychologe, sah noch ein weiteres Problem in den Visionen. Sie verführen den Menschen vorschnell zu dem Glauben, Gott könne wahrhaft eine Form haben, weil er in der Vision vielleicht in einer anschaulichen Weise erscheint:

»Der Dämon lässt dabei Gedanken entstehen, die den Menschen zur Ansicht verleiten möchten – das läuft natürlich alles unbewusst ab –, dass die göttliche wesenhafte Erkenntnis eine Form hat. Das wiederum macht ihn glauben, dass das, was in ihm vorgeht, also die Schau der Vision, nichts Böses ist, denn er verspürt ja auch keinerlei unreine Regungen des Fleisches, ja im Gegenteil, er weiß sich von großer Lauterkeit erfüllt. So folgert er, dass die Erscheinung göttlichen Ursprungs ist. In Wahrheit aber hat sie der Dämon ausgelöst […], indem er die eine Seite des Gehirns stimuliert, dadurch ein Lichtphänomen erzeugt, um so den Geist des Menschen zu beeinflussen.«

EVAGRIUS, ÜBER DAS GEBET, KAP. 73

Evagrius berührt hier ein Problem, das in der Wüste immer wieder auftauchte, der Glaube vieler Mönche, dass Gott eine Gestalt habe, weil es im Alten Testament Stellen gibt, die das nahelegen. Hier ging ein Riss durch die Wüste. Auf der einen Seite die Gebildeten, die diese Bilder für eine Metapher hielten, und auf der anderen Seite die etwas einfacheren Geister, die die Bibel wörtlich verstanden. Diejenigen, die »bei begrifflichem Denken und bei Vorstellungen stehen bleiben«, halten »den Rauch für das Feuer«, so das Fazit des Evagrius, das aber nicht alle verstanden (Über das Gebet, Kap. 68). Wie kaum ein anderer verwies Evagrius immer wieder darauf, dass alle Bilder, Vorstellungen und Konzepte, die wir von Gott haben und über ihn machen, nur in unserer Vorstellung gründen, nicht aber die Wirklichkeit Gottes wiedergeben. So wie wir uns Gott vorstellen, so werden wir ihn auch erfahren und erleben. Doch diese Erfahrung und dieses Erleben ist letztlich das Resultat unserer Projektion und nicht das einer Offenbarung Gottes. Im

Jargon der Wüstenväter: ein Trugbild des Teufels, der uns mit allen Mitteln täuschen will.

Unabhängig davon, wie man sich Gott dachte oder nicht dachte, bedeutete dies natürlich nicht, dass es nicht auch echte Visionen gegeben hätte, die nicht vom Teufel stammten, nur redete man nicht darüber:

> »Ein Bruder ging hin zum Kellion des Abbas Arsenios in der Sketis, blickte durch die Türe und sah den Alten ganz wie Feuer. Der Bruder war gewürdigt, (dies) zu sehen. Und als er klopfte, kam der Alte heraus und sah den Bruder ganz verwundert. Und er sagte zu ihm: ›Klopfst du schon lange? Hast du hier etwas gesehen?‹ Und der sagte: ›Nein.‹ Und nachdem er (mit ihm) gesprochen hatte, entließ er ihn.«
>
> APOPHTHEGMATA, 65

Wenn über Visionen gesprochen wurde, dann nur zum Zweck der Belehrung. Als der Altvater Silvanos, der am Sinai lebte, in einer Endgerichtsvision sah, wie etliche seiner Mönchskollegen schnurstracks in die Hölle wanderten, während viele Weltmenschen in den Himmel kamen, berichtete er diese Vision unter Tränen seinen Brüdern. Die Botschaft war klar: Strengt euch mehr an, Jungs! Und auch unser Prototyp aller Wüstenväter, der heilige Antonius, wurde mittels nächtlicher Gesichte von Gott über das postmortale Schicksal der Seelen belehrt. Was Antonius in dieser Vision sah, war dergestalt, dass er sich fortan auf seinem spiritual-asketischen Weg noch mehr anstrengte (vgl. Athanasius, Vita Antonii, Kap. 66). Visionen sind nicht nur schön!

3. KAPITEL

Und was hat das alles mit uns zu tun?

Vielleicht werden Sie sich jetzt sagen: Das ist ja alles ganz nett, aber die Welt der Wüstenväter ist längst untergegangen, was hat das also mit uns heute zu tun?

Wie so oft im Leben kommen wir nicht umhin, uns die Mühe zu machen, das Gute und Wesentliche, das uns betrifft, herauszuarbeiten. Die meisten von uns werden wahrscheinlich weder mit der strengen Askese, die tatsächlich oftmals sehr körperfeindliche Züge trug, noch mit dem Welt- und Frauenbild der Väter viel anzufangen wissen. Und das müssen wir auch nicht. Wir blicken durch eine andere Brille auf diese Welt, sehen neue und andere Dinge und bewerten diese daher auch anders. Dennoch beinhalten die Lehren dieser Wüstenpioniere Elemente, die zeitunabhängig sind und uns eine Hilfestellung bieten können, wenn wir uns aufmachen zu einer Expedition zu unserem wahren Sein.

Die Flucht ist vorbei

Ein erster wesentlicher Aspekt in der Vätertradition ist die Einsicht, dass die Flucht vorbei ist. Von in der Früh bis in die Nacht sorgen wir dafür, uns bloß nie selbst zu begegnen. Davon lebt eine ganze Industrie, die Milliarden damit verdient, uns bei der Flucht vor uns selbst behilflich zu sein. Animation im Urlaub, Non-Stop-Radio- und Fernsehprogramme, Computerspiele ... Wenn Sie es nicht glauben wollen, dann machen Sie doch die Probe aufs Exempel. Nehmen Sie sich zwei Stunden Zeit und gehen Sie an einem Tag, an dem das Wetter einigermaßen gnädig ist, hinaus in die Natur. Das ist genauso viel Zeit, wie Sie vor dem Fernseher verbringen, wenn Sie sich einen Spielfilm anschauen, der von Werbung unterbrochen wird, die Ihnen all die schönen Dinge schmackhaft machen will, ohne die Sie eigentlich genauso glücklich oder unglücklich wären, wie Sie es jetzt schon sind. Wichtig bei Ihrem Ausflug ist nur eines, Sie nehmen nichts mit, kein Handy, kein Buch, gar nichts, und dann setzen Sie sich an einen Ort, wo Sie sicher sein können, dass Sie in den nächsten zwei Stunden nicht gestört werden. Und dort bleiben Sie sitzen! Egal, was Ihnen Ihr Geist eingeben wird, was Sie unbedingt tun sollten, um in den nächsten zwei Stunden nur ja nicht NICHTS zu tun zu haben. Bleiben Sie einfach sitzen! Sollten Sie nach diesen zwei Stunden entspannt und zufrieden aufstehen, dann können Sie sich getrost den Rest dieses Buches schenken. Wenn dies nicht der Fall ist, dann wissen Sie jetzt wenigstens, dass Sie es nicht immer gern mit sich selbst zu tun haben. Da jede Erkenntnis ein Gewinn ist, sollten Sie auch diese als solchen behandeln. Nur wenn Sie wissen, dass es ein Problem gibt, machen Sie sich auf die Suche nach einer Lösung. Dass die Lösung allerdings nicht einem Schema F folgt, sei gleich vorweggenommen. Die Lösung kann sich auf eine Weise zeigen, die Sie auf den ersten Blick gar nicht als solche ausmachen. Lassen Sie Ihren inneren Blick einmal frei schweben. Je weniger äußerlichen Input wir ungefiltert in uns hineinlassen, desto mehr sehen wir auf einmal.

Wenn wir verstehen, dass unser alltägliches Leben zu einem nicht unerheblichen Teil aus Fluchtverhalten besteht, um nie mit unserer innersten Wirklichkeit in Berührung zu kommen, haben wir die Möglichkeit, dem Einhalt zu gebieten. Denn wenn es darum geht, bloß nicht mit unserem innersten Selbst in Berührung zu kommen, sind wir sehr erfinderisch. Wir packen unseren Alltag randvoll mit Aktivitäten, die uns so beanspruchen, dass wir gar nicht erst in die Verlegenheit kommen, nur ein paar Minuten bei uns selbst sein zu müssen. Die klassische Ausrede »Ich habe keine Zeit« sollten wir einmal kritisch untersuchen und uns überlegen, wieso wir keine Zeit haben beziehungsweise wofür wir uns Zeit nehmen. Letzteres ist sicherlich viel spannender. Die entscheidende Frage dabei ist: Weshalb haben wir solche Angst, mit uns selbst im Innersten in Kontakt zu sein? Vielleicht ist es auch die Angst vor der eigenen Größe, die uns über die Grenzen des Bekannten und Vertrauten hinauswachsen lässt und damit Veränderung bewirkt, die uns mehr erschreckt als das Leben im Hamsterrad. Wir belügen uns, wenn wir uns vormachen, dass wir zu klein oder nichtig sind, um das Ruder herumzureißen. In der Kleinheit lässt es sich natürlich gut aushalten. Wenn wir überzeugt sind, nichts ändern zu können, weil wir durch und durch defizitär sind, dann sind wir auch für nichts verantwortlich. Verantwortung und Freiheit gehen Hand in Hand.

Sich ertragen lernen

In der Wüstenvätertradition fällt die häufig anzutreffende Weigerung auf, sich mit der Welt außerhalb des eigenen Kellions zu beschäftigen. Was auf den ersten Blick wie Ignoranz oder Selbstzentrierung aussieht, erweist sich auf den zweiten Blick als äußerst klug. Viele der Väter hatten begriffen, dass hinter der vermeintlichen Sorge um den Nächsten und die Welt da draußen oftmals nur der Wunsch stand, sich nicht mit sich selbst auseinandersetzen zu müssen. Viel leichter ist es, einem anderen gute Ratschläge zu erteilen, als selbst etwas zu verändern. Wer kennt es nicht, das Gefühl, genau zu wissen, was für einen anderen in einer bestimmten Situation gut und richtig ist. Auf einmal spinnt man sich völlig ein in ein geistiges Feld, das nicht das eigene ist, getrieben von der Obsession, dem anderen die Lösung seines Problems zu bieten, die dieser, aus welchen Gründen auch immer, nicht sehen kann oder will. In der Regel reagiert der von uns so Erwählte jedoch nicht mit Dankbarkeit ob unserer Bemühungen, sondern ist genervt, da unsere Lösung nicht die seine ist oder er vielleicht gar kein Problem ausmachen kann. In der Zeit, in der wir uns nun intensiv mit den Problemen anderer Menschen beschäftigt haben, ist es uns vortrefflich gelungen, uns nicht mit uns und unseren Aufgaben auseinanderzusetzen. Doch genau darum geht es.

Für die Wüstenväter bestand ein wesentlicher Teil ihres spirituellen Weges deshalb zunächst darin, mit sich vertraut zu werden. Dieses Vertraut-Werden gelingt besonders gut, wenn wir bei uns selbst bleiben. Und dieses Bei-sich-selbst-Bleiben funktioniert am besten dann, wenn wir »im eigenen Kellion verweilen«, wie es die Väter formulierten. Für sie war die physische Existenz an einem bestimmten Ort, in dem das Alleinsein mehr oder weniger gewährleistet war, ein wichtiger Teil ihres Übungswegs. Zu glauben, den antiken Menschen wäre das leichtergefallen als uns modernen Menschen, ist ein großer Irrtum. Wie schwierig das Sich-selbst-Aushalten auch den Athleten Christi fiel, davon berichtet die Überlieferung der Weisheiten der Väter zur Genüge; wahrscheinlich war es für einen in der Großfamilie aufgewachsenen Menschen sogar noch schwerer als für uns heute.

Wer schon einmal in Indien gewesen ist, der hat vielleicht erlebt, dass es dort nahezu unmöglich ist, allein zu sein. Für den normalen Inder ist dies die Horrorvorstellung schlechthin, weswegen er gern und bereitwillig dem Besuch 24 Stunden am Tag seine Aufmerksamkeit schenkt, und wenn er es nicht kann, dann irgendjemand aus dem Kreis seiner Familie. Da es den Vätern jedoch nicht darum ging, ihr psychisches Gleichgewicht einigermaßen im Lot zu behalten, sondern Zugang zu einer tieferen Wirklichkeit, die sie Gott nannten, zu finden, gingen sie das Wagnis ein, allein mit sich selbst zu bleiben, um sich selbst zu ergründen.

Was bedeutet es für uns heute, »im Kellion zu verweilen«? Es kann sicherlich hilfreich sein, für eine bestimmte Zeit eine Auszeit zu nehmen und sich an einen Ort zu begeben, an dem Stille und das Bei-sich-Sein leichter zu erfahren sind als in unserem normalen Alltag. Aber trotzdem müssen wir uns nicht in die Wüste oder ins Kloster zurückziehen, um in Kontakt mit uns selbst zu kommen. Entscheidend ist das Bewusstwerden, wo und wann wir ganz unbewusst auf der Flucht vor uns selbst sind. Niemand zwingt uns, unsere Abende vor dem Fernseher ausklingen zu lassen oder von Aktivität zu Aktivität zu hetzen, sei es aus dem Gefühl heraus, wir könnten etwas verpassen, sei es aus dem Gefühl heraus, jemandem etwas schuldig zu sein.

Im eigenen Kellion zu sein heißt, die eigenen Bedürfnisse zu erkennen. Längst nicht alle Bedürfnisse, die wir verspüren, sind tatsächlich unsere eigenen. Die Geister unterscheiden zu lernen ist daher wichtig. Dies gelingt aber nur, wenn wir bereit sind, uns mit uns selbst zu beschäftigen und nicht vor uns in die Zerstreuung davonzulaufen. Vielleicht hilft es, um zu erkennen, was uns wirklich wichtig ist, uns einmal zu vergegenwärtigen, wie wir unser Leben gestalten würden, wenn wir noch einmal von vorn beginnen könnten. Oder: Was würden wir anders machen, wenn wir nur noch kurz zu leben hätten?

Sich mit sich selbst anzufreunden bedeutet natürlich nicht, den eigenen Egoismus zu kultivieren. Es geht nicht darum, möglichst viel für sich auf Kosten anderer aus dem Leben herauszuholen. Das hat mit Freundschaft wenig zu tun. Oder möchten Sie mit einem egozentrischen Typen befreundet sein? Der Egozentriker ist eher einer, der, wie viel er auch in sich hineinstopft, nie satt wird, weil es keine Grundlage gibt, die etwas aufnimmt. Um diese gähnende Leere nicht ertragen zu müssen, stopft er immer schneller und immer rücksichtsloser mehr und mehr in sich hinein. Im Buddhismus gibt es die Vorstellung eines Wiedergeburtsbereiches, in dem die *Pretas*, die Hungergeister, zu Hause sind. Sie haben riesige Münder und winzige Körper und egal, wie viel sie in sich hineinschlingen, sie werden nie satt. Die Erfahrung von Mangel ist ihr beherrschendes Gefühl. Und um den Mangel nicht zu spüren, schlingen sie unentwegt etwas in sich hinein.

Sich mit sich selbst anzufreunden heißt auch, die Aspekte in uns anzuerkennen, die wir lieber vor uns und dem Rest der Welt verbergen. Wobei wir sie vor dem Rest der Welt oft schlechter verbergen können als vor uns selbst. Denn mit unseren nicht integrierten und abgespaltenen Seelenanteilen, die gern als Schatten ihr Eigenleben führen, müssen sich die anderen viel intensiver beschäftigen als wir uns mit ihnen. Was wir an uns nicht mögen, aber nicht anzuschauen wagen, projizieren wir auf die anderen. An denen bekämpfen wir es dann mit Feuereifer. Aggressiv reagieren folglich beispielsweise immer nur die anderen, nie wir selbst. Wir sind ja schließlich kultivierte und friedliche Menschen.

Im Schattenkämpfen waren die Wüstenväter, wie wir gesehen haben, wahre Meister. Die Dämonen sind, modern gesprochen, nichts anderes als unsere Schatten, unsere nicht integrierten Seelenteile, die, solange wir sie nicht ansehen, ein äußerst zerstörerisches Eigenleben führen können. Nur wenn wir die Kraft aufbringen, uns auch mit diesen äußerst unerfreulichen Seiten unseres eigenen Wesens zu beschäftigen, gelingt es uns, ihre destruktive Kraft zu transformieren. Leider tendieren wir eher zum Gegenteil und verwenden ungemein viel Energie darauf, die Schattenseiten zu ignorieren, da sie nicht in unser Selbstbild, das wir uns zusammengebastelt haben, passen.

Ein großes Missverständnis im Kontext der Spiritualität besteht im Glauben, dass wir diese Schatten in der Meditation erkennen und somit auflösen oder loslassen können. Leider sind die Wurzeln jener nicht integrierten und verdrängten Anteile in uns dem meditativen Prozess nicht wirklich zugänglich. Wir können zwar Wut, Traurigkeit, Angst oder was auch immer auftaucht, wahrnehmen, nicht aber ihre Ursache. Wir können uns zum Beispiel für sehr sensibel und friedfertig halten, ohne zu sehen, dass diese vermeintliche Friedfertigkeit und Sensibilität darin gründet, dass wir unfähig sind, Konflikte auszuhalten und unsere eigene Position zu vertreten. Wenn wir nun viel Zeit mit einer Meditation über Friedfertigkeit verbringen, werden wir den Schatten der Konfliktscheue nie wahrnehmen.

Eine sehr gute Übung, um die eigenen Schatten in den Blick zu bekommen, wurde in der Integralen Bewegung um Ken Wilber entwickelt. Um Übertragungen zu erkennen, ist es hilfreich, in die Haut des anderen zu schlüpfen, der uns beispielsweise verärgert, wütend macht, nervt etc. Bei dieser Übung notieren Sie zunächst alles, was Sie an diesem anderen stört, und zwar ohne inneren Zensor, der schon wieder sagt, so schlimm sei es oder er/sie doch gar nicht. Sie sagen ganz unverblümt: »XY nervt, weil er/sie mich nie ausreden lässt.« Notieren Sie einige der wichtigsten Punkte. Und nun stellen Sie sich vor, diese Person ist anwesend. Sie führen mit ihr einen direkten Dialog. Sagen Sie ihr nun ganz direkt und persönlich, was Sie stört. Wichtig ist, dass Sie es in der direkten Rede tun: »Du nervst, weil du mich nie ausreden lässt.« Und nun fragen Sie die Person, wieso sie sich so verhält, was sie Ihnen damit verdeutlichen oder sagen möchte. Und vergegenwärtigen Sie sich deren imaginäre Antwort. Sprechen Sie aus, was die Person Ihnen damit sagen möchte. Und jetzt schlüpfen Sie in die Haut dieser Person und argumentieren Sie aus deren Ich-Perspektive: »Ich unterbreche dich, weil du mich in jedem Satz belehren willst.« Abschließend vergegenwärtigen Sie sich, was Ihnen Ihr imaginärer Gesprächspartner gesagt hat.

Auch wenn während des ganzen Prozesses nur Sie selbst gegenwärtig waren, können Sie dabei viel über sich erfahren, wenn Sie ehrlich bereit sind, in die Haut des Gegenübers zu schlüpfen und den vertrauten Konflikt aus der anderen Perspektive zu betrachten.

Im Kellion zu bleiben heißt für uns heute, achtsam zu sein und zu schauen, was in uns passiert. Wenn in der Terminologie der Väter vom Kampf gegen die Dämonen die Rede ist, so heißt das nicht, dass wir diese Dämonen, sprich Schattenteile, vernichten, sondern dass wir sie integrieren sollen. Dass der Weg der Integration zum Teil ein äußerst schmerzhafter ist und nicht selten einem Kampfplatz gleicht, widerspricht dem nicht. Das, was als Leidenschaften oder Dämonen unser Leben beherrscht und bedroht, kann, wenn es wieder richtig integriert ist, äußerst hilfreich sein, da es sich um fundamentale Energien handelt.

Falsche Bequemlichkeiten

Im Kontext der Vätertradition war ein Begriff sehr zentral: die *xeniteía*, das Fremdlingsein. Für die Väter bedeutete dies, sich nicht in der Welt einzurichten. Dafür zogen sie aus der bewohnten Welt hinaus in die Nicht-Lebenswelt der Wüste. Was kann Fremdlingsein für uns heute bedeuten? Hinaus in die Einsamkeit der unbesiedelten Natur zu ziehen ist in Mitteleuropa allein schon bevölkerungs- und eigentumstechnisch nur noch schwer möglich. Freie und einsame Plätze sind rar geworden. Es ist zudem die Frage, ob das für uns noch der richtige Weg ist. Für einzelne Menschen vielleicht, für viele schwerlich.

Vielleicht meint Fremdlingsein, unser alltägliches Dasein in der Welt einmal neu zu überdenken und zu gestalten. Die Routine von Beruf, Alltag und Familie zu überprüfen. Natürlich ist nicht jede Routine gleich etwas Schlechtes. Es ist durchaus vorteilhaft, dass wir nicht bei allen wiederkehrenden Prozessen unseres Lebens bei null beginnen müssen. Das Leben der Wüstenväter war aus dieser Warte ein Leben der vollkommenen Routine: beten, meditieren, arbeiten, wenig schlafen. Tag für Tag das Gleiche. Doch diese Routine ist hier nicht gemeint. In der spirituellen Tradition des Ostens gibt es das Wort vom »Anfängergeist«. Neu auf Altes zu blicken, den Blickwinkel zu verändern, offen zu sein für Veränderungen, das zeichnet den Anfängergeist aus. Mit ihm wird nichts zur Routine. Die große Kunst im Leben ist es, sich diesen Anfängergeist zu bewahren, auch bei Dingen, die man immer wieder tut.

Problematisch wird es, wenn wir den Anfängergeist verlieren, dann entsteht die einschläfernde und abtötende Routine, die still und leise unsere Vitalität und Lebensfreude vernichtet.

Hier heißt es, genau hinsehen, wo wir im schlechten Sinn sesshaft und wo wir Weltlinge geworden sind, die das Gegebene nicht mehr hinterfragen. Wo haben wir unsere Wünsche, Träume und Visionen begraben, weil sie mit der vermeintlichen Realität nicht kompatibel waren? Wieso sind wir so heimisch geworden in der Welt der Bequemlichkeit, der Sorge und der Stagnation? Wieso glauben wir, dass es zum Hamsterrad des Alltags keine Alternative gibt? Fremdlingsein kann sich also darin manifestieren, dass wir uns eine gewisse Unabhängigkeit vom System und seinen Zwängen bewahren oder diese Unabhängigkeit, wo sie verloren gegangen ist, wiederherstellen.

Für die Väter war das alltägliche Leben in der Welt ein Ausdruck des Fremdbestimmtseins, da die gesellschaftlichen Werte des Habens den Menschen nicht zu seinem Innersten führen, sondern ihn von sich entfremden und damit von Gott. Niemand zwingt uns, allen gesellschaftlichen Trends hinterherzulaufen, außer unsere Angst, nicht anerkannt zu werden. Wir suchen Bestätigung und Anerkennung durch Konformität und Konsum zu erlangen. Ich konsumiere, also bin ich. Eine Zeitlang mag das funktionieren, doch irgendwann spüren wir, dass diese Werte nicht unserem innersten Wesen entsprechen. Auch hier kann es hilfreich sein, zum Fremdling zu werden: ein Fremdling im Konsumtempel der Moderne, der uns suggeriert, Lebensglück und Erfüllung könne man käuflich erwerben, je größer und teurer die Dinge werden, die man sich einverleibt.

Fremdlingsein kann sich auch darin äußern, dass wir uns vom Leistungsdruck und von Leistungserwartungen verabschieden, dass wir Fremde werden Ansprüchen gegenüber, die nicht die unseren sind oder denen wir nicht entsprechen können. Oftmals setzen wir uns selbst mit unrealistischen Erwartungen unter Druck, gerade auch im spirituellen Bereich.

Genährt von spirituellen Ratgebern und Berichten anderer Menschen versteifen wir uns auf Konzepte und Vorstellungen, wie wir und unser spirituelles Leben auszusehen haben, und versuchen diesen Ideen nachzueifern, obwohl sie uns nicht entsprechen. Das Interessante am echten Fremdlingsein ist, dass es nur dem gelingt, der bei sich selbst ist. Wer aus seinem eigenen Zentrum, der eigenen Mitte heraus lebt, ist nicht mehr fremdbestimmt, er ist der Fremdbestimmung gegenüber ein Fremdling geworden.

Verantwortung für das eigene Leben übernehmen

Was an der ersten Generation der Wüstenväter auffällt, ist die Bereitschaft, für ihr spirituelles Leben die Verantwortung zu übernehmen. Als Antonius in die Wüste hinausging, wagte er etwas, was vor ihm so noch keiner getan hatte. Er folgte seiner inneren Stimme und einem Drängen, von dem er zunächst noch nicht wusste, wohin es ihn führen sollte. Antonius hatte weder die Absicherung noch die Garantie, dass sein Abenteuer glücken würde. Er tat einfach das, wovon er das Gefühl hatte, dass er es tun musste.

Wir kennen dieses Gefühl wahrscheinlich alle, dass es etwas in unserem Leben gibt, von dem wir wissen, dass wir es tun sollten, nur finden wir tausend gute Gründe, weshalb es jetzt gerade nicht machbar ist. Einmal sind die Kinder zu klein oder wir zu alt, das Haus ist noch nicht abbezahlt oder die Jobsituation ist so schlecht, dass man die sichere Stelle, die man nicht mag, behält … Hier lohnt es sich, einmal genauer hinzublicken, wofür diese Wünsche stehen, deren Realisierung wir so konsequent verweigern. Zum einen gibt es Wünsche, die Platzhalter für etwas anderes sind. Die einjährige Weltreise kann vielleicht für den Wunsch nach einer Veränderung im Leben stehen. Wir wollen raus aus dem immer gleichen Trott, ohne dass wir tatsächlich unseren Job und die Wohnung kündigen wollen, und reisen deshalb ein Jahr lang durch ferne Länder. Wenn wir diese Platzhalter erkennen, fällt es uns leichter, uns von falschen Wünschen zu befreien und damit der Realisierung der echten Bedürfnisse Raum zu geben.

Daneben gibt es aber auch Wünsche oder Ahnungen, die keine Platzhalter sind, sondern einen ganz wesentlichen Teil in uns berühren, einen Teil, dem wir aus Pragmatismus, Bequemlichkeit oder Angst keinen Raum geben möchten, da wir wissen, wenn er zum Zug kommt, könnte sich in unserem Leben etwas fundamental verändern. Wir wären nicht länger einfach nur Mitspieler in einem Spiel, in dem andere die Regeln bestimmen, sondern wir wären diejenigen, die selbst die Regeln definieren müssten. Wir könnten uns nicht länger hinter fremden Autoritäten verbergen und im Strom mitschwimmen. Wir müssten bereit sein, die Verantwortung für unser Leben zu übernehmen, und zwar für den Bereich, der uns in unserem Innersten angeht. Ein großer indischer Meister des letzten Jahrhunderts sprach von der »spirituellen Feigheit« als einem der größten Probleme der heutigen Zeit: dem Sich-nicht-Trauen, den spirituellen Weg zu gehen. Jeden Tag neue Ausreden zu finden, weshalb man nichts tut, aus Angst davor, dass sich alles radikal ändern könnte.

Für diesen Weg der radikalen Änderung entschied sich Antonius. Er bat nicht erst den Ortsbischof oder den Dorfätesten um Erlaubnis, sondern er folgte seiner inneren Stimme, die ihn in die Einsamkeit und zu sich selbst führte. Was Antonius dort fand und antraf, war nicht immer das, was ihm gefiel. Wenn wir uns vergegenwärtigen, dass er 20 Jahre und länger mit seinen Dämonen, mit anderen Worten: seinen Triebkräften rang, können wir uns in etwa vorstellen, dass das Wüstenabenteuer wenig mit einer Wohlfühlspiritualität zu tun hatte. Dennoch war Antonius bereit, den Kampf zu Ende zu führen.

Diese Entschlossenheit des Antonius scheint die Menschen seiner Zeit beeindruckt zu haben. Aus dem Weg dieses einen wurde bald ein Weg, dem viele folgten. Und viele, die ihm hinaus in die Wüste folgten, standen ihm in nichts nach.

Beim Lesen der Vätersprüche mag uns mancher Vater zuweilen sehr schroff erscheinen, was zum einen daran liegen kann, dass nicht nur die Liebenswürdigsten hinaus in die Einsamkeit gingen, zum anderen daran, dass diese Schroffheit mitunter notwendig war, um den eigenen Weg überhaupt gehen zu können. Die Welt jenseits der Wüste hatte teils ihre eigene Vorstellung, was so ein Wüstenvater tun sollte, zum Beispiel Kranke heilen, familiäre Missstimmigkeiten beseitigen, Ratschläge erteilen etc. Daran hat sich bis heute wenig geändert, wenn man sich ansieht, womit die heiligen Männer und Frauen der verschiedensten Religionen konfrontiert werden. Die meisten Wüstenväter waren durchaus bereit, einen gewissen Grad des Schmerzes in der Welt zu lindern, doch sie konnten nicht die gesamte Welt heilen und sie waren nicht in die Einsamkeit gezogen, um in der Früh vor ihrem Kellion mehr Menschen zu erblicken, als es in ihren Heimatdörfern Bewohner gab. Da die Menschen, die kamen, aber weniger Interesse am Leben des jeweiligen Mönches hatten, sondern mehr an ihren eigenen Belangen, ist es verständlich, dass so mancher Vater ab und zu ein weniger freundliches Wort von sich gab oder sich nicht mehr vor dem Kellion sehen ließ.

Ein weitverbreitetes Missverständnis liegt heute darin, dass wir glauben, ein spiritueller Mensch müsse alles ertragen und stets freundlich zu jedermann sein, auch zu den Energievampiren, die hemmungslos die Lebensenergie anderer absaugen. Das Bild des spirituellen Menschen, das wir kultivieren und pflegen, trägt nicht selten die Züge eines Fußabstreifers, über den alle hinwegtrampeln und auf dem alle ihren Dreck abladen dürfen, um hinterher gestärkt vondannen zu ziehen.

Dieses Bild hatten die Wüstenväter mehrheitlich nicht vor Augen. Ihr spirituelles Selbstverständnis hatte mit Selbstachtung und einer guten Sorge um sich selbst zu tun, bei der es nicht um Egozentrik ging, sondern um das Wissen, dass das Sich-geistig-ausbeuten-Lassen destruktiv ist. Zu erkennen, wo Mitempfinden eben nicht mehr heilsam ist, sondern sich für beide Seiten kontraproduktiv auswirkt, ist Teil der spirituellen Intelligenz, die es zu entwickeln gilt.

Der Weg der Herzensruhe

Der geistige Weg der Väter umfasst Elemente, die wir heute wahrscheinlich so nicht mehr unbedingt in den Mittelpunkt unseres spirituellen Lebens stellen wollen. Dazu zählen die teilweise recht drastischen Askesepraktiken, insbesondere im Bereich der Ernährung. Wir wissen zwar von vielen Vätern, die trotz oder wegen ihrer kargen Nahrung recht alt wurden, andere hingegen, wie Evagrius, starben mit Mitte fünfzig an einem von der Askese ruinierten Magen. Die strenge Askesepraxis der Antike war jedoch, wie bereits bemerkt, kein christliches Phänomen, sondern sie wurde religionsübergreifend gepflegt, da sie in der Vorstellung wurzelte, dass nur das Geistige eine Wertigkeit hat und nicht das Körperliche. Wir werden uns daher wohl eher von anderen Aspekten der geistigen Welt der Wüstenväter inspirieren lassen.

Ein Bereich, in dem die Väter ebenso Meisterliches geleistet haben wie in der Askese, ist der der Innenweltbeobachtung. Ihm galt ihre Aufmerksamkeit, da nur durch die Beruhigung der Gedanken und Emotionen die Herzensruhe erreicht werden kann, ohne die eine Gottesbegegnung nicht möglich ist. Beruhigen können wir aber nur das, dessen wir uns bewusst sind. Ferner müssen wir uns bewusst werden, woher all die Bilder und Emotionen, die gleichsam wie aus dem Nichts auftauchen, herkommen. Dazu bedarf es der Achtsamkeit; die Griechisch sprechenden Väter nannten sie *prosoché*, die bewusste Ausrichtung des Geistes. In der Regel schieben wir nämlich alle Beunruhigungen auf die Außenwelt. Wir sind überzeugt, wäre sie nicht, wäre alles gut. Für die Väter war jedoch eines gewiss: Die anderen können unsere geistige Gestimmtheit eben nur dann beeinflussen, wenn wir nicht achtsam und nicht bei uns selbst sind.

In der Begegnung mit den anderen wird uns ein Spiegel vorgehalten, in dem wir klar erkennen können, wie es um uns steht – vorausgesetzt, wir sind bereit, in diesen Spiegel zu blicken. Die plötzlich auftauchenden Aversionen, negativen Gedanken, die innere Unruhe in der Begegnung mit einem anderen Menschen verweisen uns sehr deutlich auf unsere eigenen ungelösten Lebensbaustellen. Wenn wir uns nur auf den Auslöser dieser Gefühle oder Gedanken versteifen, verlagern wir das Problem, ohne es angeschaut zu haben, auf unser Gegenüber. Wenn wir jedoch begreifen, dass das, was der andere in uns auslöst, ein Teil unserer selbst ist, können wir damit einen guten Umgang finden lernen.

Es sind aber nicht nur Begegnungen mit anderen Menschen, die uns recht deutlich zeigen, wie es um unser eigenes Inneres bestellt ist, auch der Umgang mit bestimmten Dingen kann uns dies offenbaren. Wieso flippen wir immer wieder aus, wenn einer vor uns zu langsam mit dem Auto unterwegs ist, oder wieso taucht eine wahnsinnige Wut in uns auf, wenn sich ein anderer in der Schlange vordrängelt? Und wieso berührt dies andere Menschen, die das Gleiche wie wir erleben, offenbar überhaupt nicht?

Wir erleben es jeden Tag aufs Neue, dass es Gedanken und Begebenheiten gibt, die uns nicht loslassen. Und je mehr wir uns bemühen, ihnen keine Aufmerksamkeit mehr zuteilwerden zu lassen, desto militanter werden sie:

»Ein Bruder kam zu Abbas Poimen und sagte zu ihm: ›Vater, ich habe viele Gedanken und ich bin ihretwegen in Gefahr.‹ Da brachte der Alte ihn ins Freie und sagte zu ihm: ›Breite deinen Gewandbausch aus und halte die Winde fest!‹ Der aber sagte: ›Das kann ich nicht tun.‹ Und es sagte ihm der Alte: ›Wenn du das nicht tun kannst, kannst du auch die Gedanken nicht (daran) hindern zu kommen. Aber es liegt an dir, ihnen zu widerstehen.‹«

APOPHTHEGMATA, 602

Widerstehen heißt hier nichts anderes, als die Gedanken als Teil des eigenen Seins anzuerkennen, sich ihnen nicht zu entziehen, sie nicht zu verdrängen, sondern sie anzuschauen. Wir werden, solange wir leben, denken, doch wir können von unseren Gedanken beherrscht werden oder sie beherrschen, indem wir sie auf den Platz verweisen, an den sie gehören. Evagrius riet seinen Mitbrüdern, die Dauer eines Gedankens, sein Nachlassen, seine Verbindungen mit anderen Gedanken, die Tageszeit, zu der er auftaucht, gründlich anzuschauen. Im Bewusstwerden all dessen kann es uns nämlich gelingen, die unheilvolle Identifikation mit diesen Gedanken zu durchbrechen und damit Freiheit von ihm zu erlangen. So wird es uns möglich, frei zu leben.

In unserem Alltag kann es mitunter hilfreich sein, zu einem kleinen Trick zu greifen, um Gedanken etwas von ihrer Dringlichkeit zu nehmen, mit der sie uns zu terrorisieren beginnen. Stellen Sie sich einen Schrank mit einigen Schubladen vor, die Sie beschriften. Nun können Sie einen der quälenden Gedanken zumindest für eine gewisse Zeit in einer der Schubladen verstauen. Da Sie diese beschriftet haben, wissen Sie nun, wo er zu finden ist, wenn Sie sich wieder mit ihm beschäftigen wollen. Das einfache Wissen, dass Sie jederzeit auf ihn zurückgreifen können, wenn Sie möchten, kann ihm etwas von seiner bedrohlichen Präsenz nehmen, mit der er sich im Bewusstsein breitgemacht hat. Vielleicht stellen Sie auch irgendwann fest, dass die Dringlichkeit oder Bedrohlichkeit auf einmal von ganz allein verschwunden ist. Entscheidend am Umgang mit den Gedanken ist, dass wir sie aus der unbewussten Ecke in die bewusste holen, dann können wir mit ihnen umgehen. Antonius riet seinen Schülern, alle Handlungen und Regungen der Seele so wahrzunehmen, als müssten sie diese einem anderen mitteilen.

Diese radikale Seelenergründung führt, wenn sie erfolgreich ist, zur Urteilslosigkeit. Was es damit auf sich hat, haben wir bereits gesehen. Urteilslosigkeit meint nicht Beliebigkeit oder *Laissez-faire*, sondern das Abstandnehmen vom Verurteilen anderer Positionen und Haltungen. Wer sein eigenes Wesen kennt und seine Schatten nicht mehr auf die anderen projiziert, kann im Umgang mit den anderen auch tolerant und gelassen sein. Wir erleben es immer wieder an uns selbst oder an anderen, dass wir von der Richtigkeit einer Sache so überzeugt sind, dass wir sie auf Biegen und Brechen durchsetzen wollen, obwohl die anderen das nicht möchten. Eine andere Sicht der Dinge können wir nicht akzeptieren, weil wir überzeugt sind, als Einzige zu wissen, was richtig ist. Wenn im Kontext der Vätertradition, besonders im Bereich der moralischen Entgleisungen, immer wieder auf die Notwendigkeit der Urteilsenthaltung verwiesen wird, dann eben, weil die Väter erkannten, wie schnell die eigenen Werturteile zum Maßstab für die ganze Welt werden, ohne der Welt damit gerecht zu werden.

Scheitern akzeptieren

Inspiriert vom Geist des Evangeliums wagten die ersten Wüstenväter den Aufbruch in ein im wahrsten Sinn des Wortes unbekanntes Terrain. Weder Antonius noch die, die ihm bald folgten, wussten, was auf sie zukommen würde. Dennoch ließen sie sich auf das spirituelle Abenteuer ein, sich selbst und Gott besser kennenzulernen. Sie waren ferner bereit, auf diesem Weg Hindernisse und Rückschläge zu akzeptieren.

In unserer Wahrnehmung dominiert heute die Vorstellung, Spiritualität sei die Lösung für alle Probleme. Wenn wir spirituell sind und anfangen zu meditieren, dann werden wir entspannter, gelassener, freundlicher, liebenswürdiger ... Leider ist das ein Verständnis von Spiritualität, das in der Geschichte der Menschheit sehr neu und in diesem Fall auch sehr blauäugig ist. Unbestritten, die konsequente meditative Einübung hat Einfluss auf unser Gehirn. Wir können tatsächlich gelassener und entspannter werden, nur gibt es erstens keine Garantie, dass dies eintritt; zweitens können auf diesem Weg auch tiefe Schluchten auftauchen, in die man bereit sein muss, hinabzusteigen, und drittens ist es keineswegs gesagt, dass mit der spirituellen Praxis das Leben einfacher wird. Auf dem Weg zu sich selbst kann es Phasen der tiefsten Einsamkeit und des Gefühls des Verlorenseins geben. Bedeutende christliche Mystiker wie Johannes vom Kreuz oder Teresa von Ávila haben dies eindrucksvoll bezeugt. Johannes prägte dafür den Begriff der »dunklen Nacht«. In dieser dunklen Nacht erfährt der Mensch nichts außer Einsamkeit, Verzweiflung und Angst. Das Interessante an den Biografien großer Menschen ist nicht, dass sie nie gescheitert sind oder dass es in ihrem Leben nur Höhen gegeben hätte.

Das Interessante ist, wie sie mit ihren tiefen Tälern umgegangen sind. Sie sind ihnen nicht ausgewichen, sondern haben sie durchwandert. Sie haben die Brüche, so schmerzhaft sie vielleicht auch waren, ausgehalten. Sie haben ihre Wunden nicht kaschiert, sondern akzeptiert. Die Wüstenväter wussten, dass Scheitern und Versagen Teile des Lebenswegs sein können, die man aushalten muss.

In der westlichen Kultur haben wir in den letzten Jahrhunderten ein sehr ungesundes Verhältnis zum Scheitern entwickelt. Nur eine Sache, die erfolgreich verlaufen ist, ist eine gute Sache. Dies scheint in besonderer Weise für die Spiritualität zu gelten. Wir sind nur dann spirituell erfolgreich, wenn wir uns danach besser fühlen.

In gewisser Weise ist diese Haltung sogar verständlich. Irgendeine Art der Belohnung muss ich doch dafür bekommen, dass ich nicht wie meine Kollegen das Wochenende mit Vergnügungen und Ausgehen verbringe, sondern zum Meditationskurs fahre und dafür noch früher aufstehe als unter der Woche. Wo bleibt da die kosmische Gerechtigkeit, wenn diese Anstrengung nicht mit einem gelassenen und heiteren Gemüt belohnt wird, das am Montagmorgen im Büro für alle anderen offensichtlich wird?

Doch wer sagt uns, dass nur das erfolgreich ist, wo sich Erfolg zeigt? Woher wollen wir wissen, dass die Sackgasse tatsächlich das Ende aller Wege ist, dass es hinter der Mauer nicht weitergeht? Vielleicht war sie notwendig, um uns etwas zu verdeutlichen. Zum Beispiel, dass nicht alles machbar ist und dass nicht immer alles nach unseren Vorstellungen laufen muss. Oder um uns zu zeigen, dass nicht immer Tun und Machen zielführend sind, sondern auch Loslassen und Zulassen-Können. Und vielleicht gibt es ein Scheitern, das völlig sinnlos und sinnfrei ist, das wir einfach nur akzeptieren müssen, um dann unseren Weg auf anderen Bahnen fortzusetzen.

In der Sprache der Wüstenväter wird das Scheitern oft mit dem Begriff der Sünde verbunden. Im Lauf der Jahrhunderte hat sich bei uns ein moralinsaurer Sündenbegriff etabliert, der uns von der existenziellen Bedeutung der Sünde wegführt: Sünde bedeutet letztlich nichts anderes als der gestörte Bezug zum wahren Selbst oder zu Gott. Und darin äußert sie sich destruktiv. Dies war der Grund, weswegen die Beobachtung des eigenen sündhaften Tuns so sehr im Zentrum der Aufmerksamkeit der Väter stand. Sünde heißt, von der Lebensquelle abgeschnitten zu sein. Nur wer sich dieses von der Sünde verursachten Bruchs bewusst ist, kann etwas ändern.

Reduktion auf das Wesentliche

Die Wüstenväter, zumindest in der ersten Generation, waren Meister des Wesentlichen, und zwar nicht nur, wo es um die Seele, sondern wo es um den ganzen Lebensstil ging. *Small is beautiful* – nach dieser Devise lebten die meisten in der Wüste. Zwar war dieser Lebensstil vielen der einstmaligen ägyptischen Fellachen nur zu gut vertraut, denn das Leben als Bauer im Ägypten des 4. Jahrhunderts unterschied sich nicht wesentlich von dem eines Bauern im Ägypten des 21. Jahrhunderts. Es war in der Regel karg. Aber die einstigen Bauern kultivierten in der Wüste einen bewusst einfachen Lebensstil.

Man verzichtete nicht auf Dinge, weil man sie sich nicht leisten konnte, sondern weil man ihnen auf dem Weg zu sich selbst und zu Gott keinen Wert zubilligte. Leisten hätte sich so mancher Mönch weit mehr können als das, was er tatsächlich hatte. Von manchen der Väter berichteten die Nachgeborenen, dass man nach ihrem Tod durchaus größere Vermögenswerte in ihren schlichten Behausungen fand. Sie hatten durch ihre handwerkliche oder bäuerliche Tätigkeit mehr verdient, als sie bei ihrer kargen Lebensweise benötigten, sodass sich auf einmal ein kleines Vermögen angehäuft hatte. Diese, wenn auch unbeabsichtigte Vermögensvermehrung wurde von den meisten Mönchen jedoch strikt abgelehnt. Ein Mönch sollte nicht mehr besitzen, als er wirklich zum Leben brauchte. Die Väter wussten, dass bei Unachtsamkeit in diesem Bereich schnell der Dämon der Habsucht zugegen war. Er wirkte nicht so sehr, indem er den Mönch animierte, viel und Unnützes zu besitzen – das tat der Dämon mit den Weltmenschen, in denen weckte er unendliche, nie stillbare materielle Bedürfnisse; bei den Mönchen agierte er viel subtiler, indem er die Angst erzeugte, die den Mönch mit der Frage umtrieb: Was ist, wenn ich keinen Vorrat habe und plötzlich krank werde, wovon soll ich dann leben?

Diese Frage und Sorge wurde im Lauf der letzten 1700 Jahre nicht kleiner. Heute lebt von ihr ein ganzer Wirtschaftszweig. Es geht bei einer kritischen Anfrage an dieses Verhalten weniger darum, ob wir uns für bestimmte Unglücksfälle des Lebens im Vorfeld um eine gewisse finanzielle Absicherung kümmern, sondern darum, ob wir vor lauter Absichern nicht mehr zum Leben kommen, ob die Angst vor der Eventualität eines Ereignisses unsere Lebensenergie blockiert und lähmt. Sitzen wir wie das Kaninchen vor der Schlange, also vor den Unabwägbarkeiten des täglichen Lebens, sind wie gelähmt angesichts dessen, was vielleicht passieren könnte – oder lassen wir uns auf das Leben ein und reagieren, wenn es nötig ist, nur auf ein reales Ereignis. Letzteres entspricht mehr dem, was die meisten Väter in der Wüste für einen gesunden Umgang mit dem Leben hielten.

Das einfache Leben hatte aus Sicht der Väter noch einen weiteren klaren Vorteil: Wer nichts hat, hängt sein Herz auch an keinen Besitz, der zu einer echten Last werden kann. Besitz muss gesichert und verteidigt, gehegt und gepflegt werden. Damit verschlingt die Sorge um den Besitz immense Energien, die wir anderweitig einsetzen könnten. Die Väter erkannten zudem, dass er immer wieder Grund für Streitereien und Auseinandersetzungen ist und Begehrlichkeiten weckt. Sie vermieden es daher peinlich genau, etwas zu nehmen, was sie nicht wirklich selbst erarbeitet hatten. Arbeit diente ihnen nicht zur Gewinnmaximierung, sondern dazu, die notwendigen Grundbedürfnisse zu sichern. Ihre Sicht auf die Arbeit war zum einen sehr pragmatisch, zum anderen sahen sie in ihr die Möglichkeit, Spiritualität im Alltag zu leben. Ihre alltägliche Tätigkeit war in Kombination mit ihrer Gebetspraxis Teil des geistigen Weges, der zur inneren Freiheit führen sollte, zu einer Freiheit, die das Freisein vom Besitzenwollen beinhaltete. Für uns, die wir aus einer Gesellschaft kommen, in der das Besitzen und der Besitz zu einem Wesensmerkmal geworden sind, mag diese Vorstellung der Besitzlosigkeit eher erschreckend sein. Wir sind, weil wir haben. Dass Besitzlosigkeit nicht Ausdruck von Bedürftigkeit, sondern von Freiheit sein kann, ist sicherlich etwas, was wir – unabhängig davon, ob wir ein spirituelles Leben führen oder nicht – von den Vätern lernen können.

Die Tür steht offen. Wer hindert uns daran, hinauszutreten ins Leben, den Neuanfang zu wagen und unsere eigenen Abbas und Ammas zu werden? Er kostet nichts, außer ein bisschen Neugierde und ein bisschen Mut. Aber es gibt viel zu entdecken. Erkunden wir die unbekannte Wüste in uns! Vielleicht begegnen wir dort Antonius oder Evagrius oder Amma Maria, den unerschrockenen Helden, die das große Abenteuer der inneren Transformation wagten und die die Narben auf ihren Seelen annehmen konnten. Sie trauten sich, ihre Vision und ihren Traum vom richtigen Leben zu leben.

Anhang

Literatur

Quellentexte

Die Vätersprüche – genannt Apophthegmata – sind in folgender Ausgabe zugänglich:

Apophthegmata Patrum (Teil I). Das Alphabetikon – Die alphabetisch-anonyme Reihe (Weisungen der Väter, Bd. 14), übersetzt und kommentiert von Erich Schweitzer, Beuron, 2. Aufl. 2020. Der Abdruck der Texte aus diesem Band erfolgt mit freundlicher Genehmigung des Beuroner Kunstverlages, *www. klosterkunst.de*

Die Schriften des Athanasius von Alexandrien über die großen Gründergestalten Antonius und Pachomius sowie viele weitere Vätertexte sind im 19. und 20. Jahrhundert in der »Bibliothek der Kirchenväter« erschienen. In Buchform inzwischen vergriffen, aber unter *www.unifr.ch/bkv* ist die »Bibliothek der Kirchenväter« im Internet zu finden:

Athanasius: Das Leben des heiligen Antonius – Vita Antonii, in: Athanasius, Ausgewählte Schriften, Bd. 2 (Bibliothek der Kirchenväter, 1. Reihe, Bd. 31), München 1917.

Athanasius: Das Leben des heiligen Pachomius, in: Athanasius, Ausgewählte Schriften, Bd. 2 (Bibliothek der Kirchenväter, 1. Reihe, Bd. 31), München 1917.

Cassian: Sämtliche Schriften des ehrwürdigen Johannes Cassianus (Bibliothek der Kirchenväter, 1. Reihe, Bd. 59), Kempten 1879 (Das Zitat aus den *Institutiones* wurde im vorliegenden Buch sprachlich behutsam modernisiert. Die Zitate aus den *Collationes* wurden den unten genannten Neuübersetzungen entnommen).

Hieronymus: Das Leben des heiligen Paul von Theben. Des heiligen Kirchenvaters Eusebius Hieronymus ausgewählte Schriften (Bibliothek der Kirchenväter, 1. Reihe, Bd. 52), Kempten/München 1914.

Hieronymus: Des heiligen Kirchenvaters Eusebius Hieronymus ausgewählte Briefe (Bibliothek der Kirchenväter, 2. Reihe, Bd. 16 und 18), Kempten/München 1936–1937.

Palladius: Leben der Väter – Historia Lausiaca (Bibliothek der Kirchenväter, 1. Reihe, Bd. 5), München 1912.

Theodoret von Cyrus: Mönchsgeschichte (Bibliothek der Kirchenväter, 1. Reihe, Bd. 50), München 1926.

Weitere Originaltexte der Wüstenväter oder frühe Berichte über sie:

Evagrios Pontikos [Evagrius Ponticus]: Briefe aus der Wüste (Weisungen der Väter, Bd. 18), eingeleitet, übersetzt und kommentiert von Gabriel Bunge, Beuron, 2. Aufl. 2013.

Evagrios Pontikos [Evagrius Ponticus]: Der Praktikos. Hundert Kapitel über das geistliche Leben (Weisungen der Väter, Bd. 6), eingeleitet und kommentiert von Gabriel Bunge, Beuron, 2. Aufl. 2008.

Evagrius Ponticus: Die große Wiederrede. Antirrhetikos (Quellen der Spiritualität, Bd. 1), übersetzt von Leo Trunk, mit einer Einführung von Anselm Grün und Fidelis Ruppert, Münsterschwarzach, 6. Aufl. 2022.

Evagrius Ponticus: Über das Gebet. Tractatus de oratione (Quellen der Spiritualität, Bd. 4), eingleitet und übersetzt von John Eudes Bamberger, aus dem Englischen übertragen von Guido Joos, mit einer Einführung von Anselm Grün, Münsterschwarzach 2011.

Evagrios Pontikos [Evagrius Ponticus]: Über die acht Gedanken (Weisungen der Väter, Bd. 3), eingeleitet und kommentiert von Gabriel Bunge, Beuron, 2007.

Evagrius Ponticus: Worte an die Mönche. Worte an eine Jungfrau. Sententiae ad monachos. Sententiae ad virginem (Quellen der Spiritualität, Bd. 6), eingeleitet und übersetzt von Wilfried Eisele, mit einer Hinführung von Fidelis Ruppert, Münsterschwarzach 2012.

Johannes Cassian: Unterredungen mit den Vätern. Collationes Patrum, Teil 1: Collationes 1–10 (Quellen der Spiritualität, Bd. 5), eingeleitet und übersetzt von Gabriele Ziegler, mit einer Einleitung und farbigen Abbildungen von Georges Descoeudres, Münsterschwarzach, 2. Aufl. 2018.

Johannes Cassian: Unterredungen mit den Vätern. Collationes Patrum, Teil 2: Collationes 11–17 (Quellen der Spiritualität, Bd. 9), eingeleitet und übersetzt von Gabriele Ziegler, mit einer Einleitung und farbigen Abbildungen von Georges Descoeudres und einem Beitrag von Terrence G. Kardong, Münsterschwarzach 2014.

Johannes Cassian: Unterredungen mit den Vätern. Collationes Patrum, Teil 3: Collationes 18–24 (Quellen der Spiritualität, Bd. 12), eingeleitet und übersetzt von Gabriele Ziegler, mit einer Einleitung und farbigen Abbildungen von Georges

Descoeudres und Beiträgen von Clemens Schlip und Simeon Oberle, Münsterschwarzach 2015.

Kallistos und Ignatios: Centurie – Hundert-Spruch-Lehre, in: Manfred Baumotte (Hrsg.): Kleine Philokalie. Betrachtungen der Mönche über das Herzensgebet, Zürich/Düsseldorf 1997.

Meterikon: Die Weisheit der Wüstenmütter. Herausgegeben und übersetzt von Martirij Bagin und Andreas-Abraham Thiermeyer, Augsburg 2004.

Pachomius: Klosterregeln. Übersetzt und kommentiert von Heinrich Bacht, St. Ottilien, 2. Aufl. 2010.

Rufinus: Historia monachorum in Aegypto – Mönche im frühchristlichen Ägypten. Übersetzt, eingeleitet und erklärt von Suso Frank, Düsseldorf 1967.

Weiterführende Literatur

Acta Sanctorum: Die Legende der Maria aus Ägypten. Bios Marias Aigyptias (Spiritualität, Bd. 8), herausgegeben, übersetzt und erläutert von Gabriele Ziegler, mit einem Vorwort von Anselm Grün, Münsterschwarzach, 2. Aufl. 2021.

Bacht, Heinrich: Das Vermächtnis des Ursprungs. Studien zum frühen Mönchtum, Bd. 2: Pachomius – Der Mann und sein Werk, Würzburg 1983.

Bousset, Wilhelm: Apophthegmata. Studien zur Geschichte des ältesten Mönchtums, Tübingen 1923.

Brown, Peter: Die Keuschheit der Engel. Sexuelle Entsagung, Askese und Körperlichkeit am Anfang des Christentums, München/Wien 1991.

Bunge, Gabriel: Akedia. Die geistliche Lehre des Evagrios Pontikos vom Überdruß, 6. Aufl. 2009.

Ceming, Katharina: Spiritualität im 21. Jahrhundert, Hamburg 2012.

Dodel, Pranz: Das Sitzen der Wüstenväter. Eine Untersuchung anhand der Apophthegmata Patrum, Freiburg/Schweiz 1997.

Elm, Susanna: Virgins of God. The Making of Asceticism in Late Antiquity, Oxford (Reprint) 2003.

Freiberger, Oliver: Der Askesediskurs in der Religionsgeschichte, Wiesbaden 2009.

Grün, Anselm: Demut und Gotteserfahrung (Münsterschwarzacher Kleinschriften, Bd. 185), Münsterschwarzach, 3. Aufl. 2022.

Grün, Anselm: Der Himmel beginnt in dir. Das Wissen der Wüstenväter für heute, Freiburg u. a., 10. Aufl. 2010.

Grün, Anselm: Der Umgang mit dem Bösen. Der Dämonenkampf im alten Mönchtum (Münsterschwarzacher Kleinschriften, Bd. 6), Münsterschwarzach, 17. Aufl. 2018.

Grün, Anselm: Geistliche Begleitung bei den Wüstenvätern (Münsterschwarzacher Kleinschriften, Bd. 67), Münsterschwarzach, 10. Aufl. 2018.

Grün, Anselm: Reinheit des Herzens. Wege der Gottsuche im alten Mönchtum (Münsterschwarzacher Kleinschriften, Bd. 188), Münsterschwarzach 2013.

Guillaumont, Antoine: An den Wurzeln des christlichen Mönchtums, Beuron 2007.

Jensen, Anne: Gottes selbstbewusste Töchter, Münster, 2. Aufl. 2003.

Lacarrière, Jacques: Die Gott-Trunkenen, Wiesbaden 1967.

Müller, Barbara: Der Weg des Weinens. Die Tradition des Penthos in den Apophthegmata Patrum (Forschungen zur Kirchen- und Dogmengeschichte, Bd. 77), Göttingen 2000.

Rouw, Matthias: Unbequem und extrem erfolgreich. Wüstenväter, Münsterschwarzach 2021.

Wilber, Ken: Eros, Kosmos, Logos. Eine Jahrtausendvision, Frankfurt am Main, 5. Aufl. 2011.

Wilber, Ken: Integrale Spiritualität. Spirituelle Intelligenz rettet die Welt, München, 4. Aufl. 2007.

Zander, Hans Conrad: Als die Religion noch nicht langweilig war. Die Geschichte der Wüstenväter, Gütersloh 2011.

Ziegler, Gabriele: Die Wüstenmütter. Weise Frauen des frühen Christentums, mit einem Vorwort von Anselm Grün, Stuttgart 2017.

Ziegler, Gabriele: Frei werden. Der geistliche Weg des Johannes Cassian (Münsterschwarzacher Kleinschriften, Bd. 178), Münsterschwarzach 2011.

sowie die Bände der Reihe

Kellion – Schriftenreihe zu Leben und Erfahrung der Wüstenväter und Wüstenmütter, herausgegeben von Gabriele Ziegler, bisher 6 Bände, Münsterschwarzach, ab 2020:

Bd. 1: Aufbruch durch Rückbesinnung auf die Quellen

Bd. 2: Feuer in der Wüste

Bd. 3: Jesusgebet

Bd. 4: Tabernakulum – Innere Liturgie

Bd. 5: Magdalena, Thekla, Synkletika und Frauen von heute

Bd. 6: Beständigkeit

Glossar

ABBA(S): urspr. Titel für einen erfahrenen älteren Mönch, um den sich Schüler scharten

AGAPEFEIER: Liebesmahl, in der frühen Kirche ein anderer Begriff für die Eucharistiefeier

AKEDÍA: geistige Antriebslosigkeit

AMMA: urspr. Titel für eine erfahrene ältere Nonne, um die sich Schülerinnen scharten

ANACHORET: Einsiedler

APATHEÍA: Leidenschaftslosigkeit

APOPHTHEGMATA PATRUM: Sammlung der Vätersprüche; die Sammlung geht auf einen uns nicht näher bekannten Redaktor zurück, der vorliegendes Material vermutlich Ende des 5. Jahrhunderts zusammengefasst und alphabetisch nach den Väternamen geordnet hat.

ARIANISMUS: eine Strömung in der frühen Kirche, die auf dem Konzil von Nizäa (325) verurteilt wurde: Arius bestritt, dass Gott Vater und Sohn wesensgleich seien. Seiner Ansicht nach war der Sohn dem Vater untergeordnet.

ÁSKESIS: urspr. Übung, dann Enthaltsamkeit; Askese

ATARAXÍA: Gelassenheit, Seelenruhe

BOSKOÍ: wörtlich die Weidenden, Wanderasketen/innen in Syrien, die sich nur von dem ernährten, was in der Wüste wuchs

ENKRATITEN: wörtl. »die Enthaltsamen«, eine sehr strenge asketische Bewegung in der frühen Kirche, die besonders im syrischen Raum verbreitet war; wurden kirchlich sehr kritisch gesehen, weil sie dazu neigten, sich aufgrund ihrer besonderen Askeseleistungen als »etwas Besseres« zu sehen

EREMIT: jemand, der / die allein in der Wüste lebt

EPÍSKOPOS: Bischof; wörtl. Aufseher, Hüter

FELLACHE: ägyptischer Bauer

GYROVAGE: von griech. *gyros*, rund; Wanderasket/in

HAGIOGRAFIE: eine verklärende Heiligenbiografie, die nicht immer einer historischen Biografie entsprechen muss

HEGEMON: Vorsteher im Kloster, das nach den Regeln des Pachomius geführt wurde

HESYCHÍA: Ruhe; die geistig seelische Ruhe war eines der wichtigsten spirituellen Ziele der Wüstenväter

HESYCHASTEN: spirituelle Bewegung der Ostkirche im 14. Jahrhundert

INKLUSE: Asket beziehungsweise Asketin, der / die sich einmauern ließ und nur durch einen kleinen Spalt in der Klause versorgt wurde

JÜDISCHE THERAPEUTEN: eine Bewegung von jüdischen Mystikern, die in Ägypten ein asketisches Leben führten

KÁTOCHOI: wörtlich »die Zurückgezogenen«, Priester des ägyptischen Gottes Serapis, die sich für einige Monate in den Tempeln einschlossen

KELLIA: Wüstengegend in Oberägypten, in der Mönche siedelten

KELLION: meist gemauerte Zelle, in der ein Asket beziehungsweise eine Asketin lebte

KLAUSE: kleines Häuschen, in dem man sich auch einmauern konnte

KOINOBIT: wörtlich jemand, der mit anderen ein gemeinsames Leben *(koinós bíos)* führt, also ein Klosterbewohner / eine Klosterbewohnerin

KORYPHE: Gipfelsteher, eine besondere Form asketischen Lebens auf einem Berggipfel

MÖNCH: Inbegriff für alle, die ein zölibatäres Leben führen

NITRIA: Siedlungsort der Wüstenväter in der Wüste Oberägyptens

PORNEÍA: Unzucht, einer der besonders militanten Dämonen in der Wüste

PRIOR: Klosterleiter

SARABAITEN: von syrisch *sar* = zerstreut und *abet* = Kloster: Wanderasket/in

SETH: altägyptischer Wüstengott, der seinen Bruder Osiris tötete

SKETIS: Siedlungsort der Wüstenväter im Wadi Natrun, ein 35 km langes und 8 km breites Wüstental, das 60 km südlich der Kellia liegt; siehe die Karte auf Seiten 12/13 dieses Buches

STYLIT: Säulensteher, eine besondere Form asketischen Lebens, bei der eine Säule als Aufenthaltsort gewählt und nicht mehr verlassen wird

XENITEÍA: Fremdlingschaft, sich nicht in der Welt häuslich einrichten; zentraler Gedanke bei den Vätern

Bibliografische Information der Deutschen Nationalbibliothek
Die Deutsche Nationalbibliothek verzeichnet diese Publikation in der Deutschen Nationalbibliografie. Detaillierte bibliografische Daten sind im Internet über http://dnb.d-nb.de abrufbar.

Ohne Folie
Für unsere Umwelt

MIX
Papier | Fördert gute Waldnutzung
FSC® C014889
FSC www.fsc.org

in Deutschland produziert

1. Auflage 2023

Lektorat: Marlene Fritsch
Karte S. 12/13: Dr. Matthias E. Gahr
Umschlaggestaltung: Stefan Weigand, wunderlichundweigand
Umschlagmotiv: marukopum / iStock.com
Druck und Bindung: Pustet, Regensburg
ISBN 978-3-7365-0511-7

www.vier-tuerme-verlag.de